汉字重逢

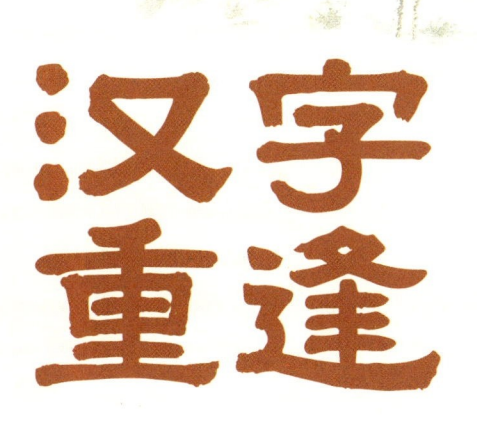

万物的线索

郑博文 ◎ 著

四川科学技术出版社

图书在版编目（CIP）数据

汉字重逢.万物的线索/郑博文著.--成都：四川科学技术出版社，2024.1
ISBN 978-7-5727-1186-2

Ⅰ.①汉… Ⅱ.①郑… Ⅲ.①汉字-儿童读物 Ⅳ.① H12-49

中国国家版本馆 CIP 数据核字 (2023) 第 204091 号

汉字重逢　万物的线索
HANZI CHONGFENG　WANWU DE XIANSUO

著　　者	郑博文
出 品 人	程佳月
策划编辑	江红丽
责任编辑	江红丽
助理编辑	潘　甜　苏梦悦
插　　图	杨　彬　李　伟
装帧设计	黄而锴　㊅四川看熊猫杂志有限公司
责任出版	欧晓春
出版发行	四川科学技术出版社
	地址：成都市锦江区三色路 238 号　邮政编码：610023
	官方微博：http://weibo.com/sckjcbs
	官方微信公众号：sckjcbs
	传真：028-86361756
成品尺寸	170 mm × 240 mm
印　　张	43
字　　数	860 千
印　　刷	四川华龙印务有限公司
版　　次	2024 年 1 月第 1 版
印　　次	2024 年 1 月第 1 次印刷
定　　价	159.20 元（全 4 册）

ISBN 978-7-5727-1186-2

邮　　购：成都市锦江区三色路 238 号新华之星 A 座 25 层　邮政编码：610023
电　　话：028-86361770

■ 版权所有　翻印必究 ■

汉字重逢

万物的线索

有志于进德修业者，一生所要学习的东西何止千千万万。那么是否有某种要领或者窍门可言？果真有一个。古人说："故学也者，礼法也。"一个礼，一个法，从某种程度上来说，就是解开纷繁事理的钥匙。对礼与法的履行实践，被先贤视为君子修身立德的基础。礼与法，皆根源于自然的大秩序。礼，偏言人的行为，它往往是调适的、变通的；法，偏言事物的性质，它往往是精准的、恒常的。礼者无言，借玉石之声来叮咛；法者无形，借丝线之状来呈现。

目录

美玉的言外之意

玉 / 5

璞 / 13　　璧 / 37

弄 / 19　　瑗 / 45

宝 / 25　　环 / 49

班 / 31　　玦 / 55

宇宙是一架织机

丝 / 63

玄 / 71

缫 / 77

绪 / 83

纪 / 89

统 / 95

素 / 101

练 / 107

乱 / 113

绝继 / 119

专 / 129

经纬 / 135

约 / 143

玉 | 丰

美玉的言外之意

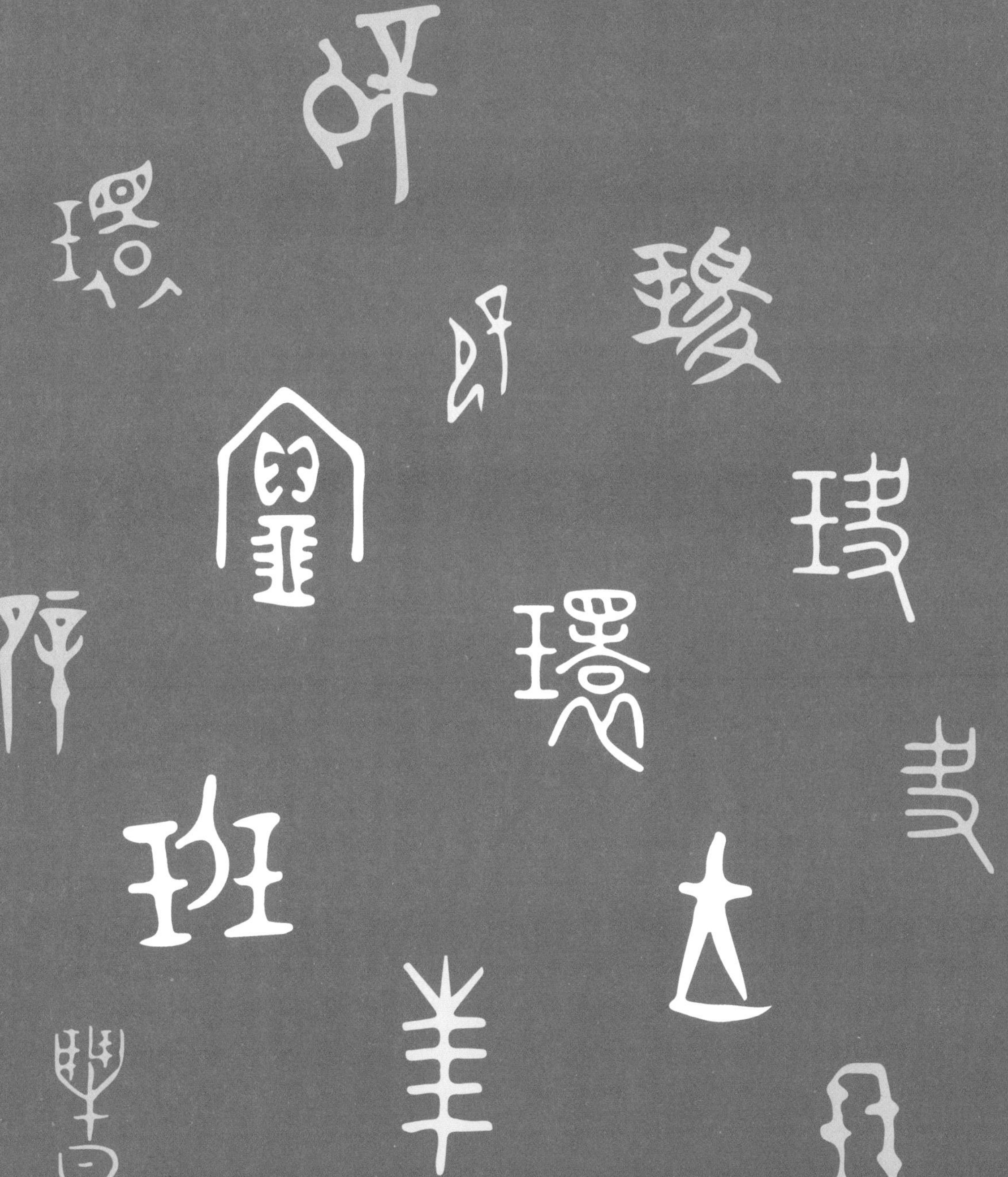

"玉"字言"礼"

玉石相击，玲珑有声，是否有言外之意？是一个"礼"字。中国自古以礼为重，礼者自古以玉为媒。礼之为用，上可以治理国家，使社会安定，下可以安抚百姓，造福于后人。玉作为礼器、礼赞以及礼仪的象征，深刻参与了"礼"对古代社会秩序的构建。每日玉在身，仿佛玉有言，时时叮嘱着人们要慕于贤德，遵于礼法。正所谓"右徵角，左宫羽"，听闻佩玉清脆的声响，一切妄念也就无从进入君子的心灵了。这一切，都雕刻于古人的"玉"字之上。

玉

石，本为寻常之物，其中却有美者，莹莹若天地精气的结晶。它温润洁泽，缜密坚韧，那自然天成之质，令无数人为之着迷。古人用来命名此物的字，是『玉』。

中国人的心魂，似天然镌刻着对玉的钟爱，此情不逊日月。发源于新石器时代而绵延至今的玉文化，贯穿了整个中华文明史，内涵丰富，成就卓著。物质、社会与精神鼎足合立的独特玉意识，是举世无双的思想建树。对道德的敬崇，对礼节的遵循，对情思的感验，都亘古隐喻于中国人的玉。

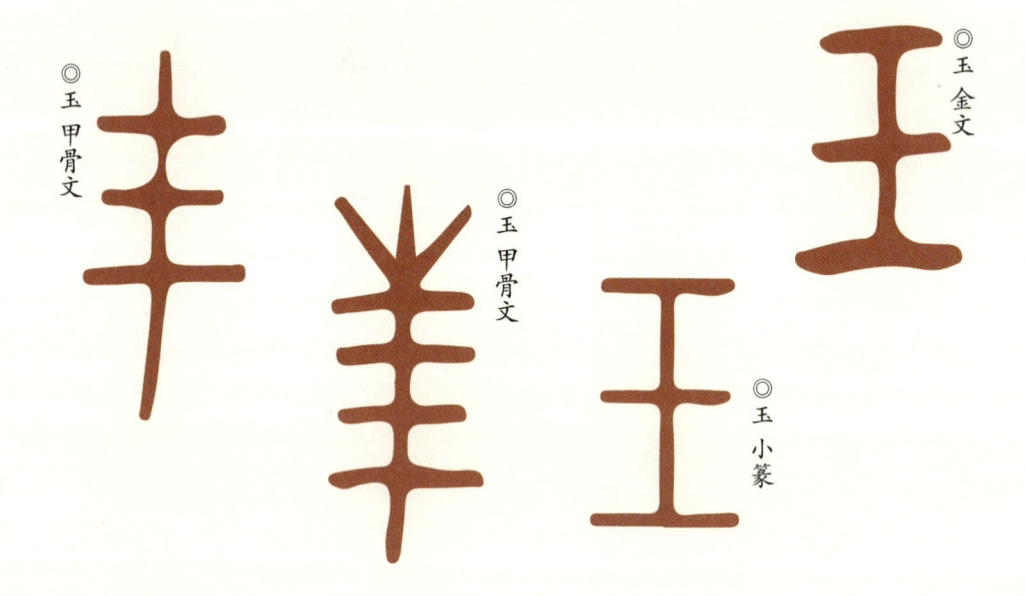

◎玉 甲骨文

◎玉 甲骨文

◎玉 金文

◎玉 小篆

"玉"的本义

"玉"的甲骨文字形，就是一串玉石的样子。玉石多半画成三片，还有的画成四片或五片，它们被一根绳串起来，绳串的顶端有时还画出了绳结。字形演变到金文和篆文，逐渐定形为三横被一竖所贯穿，且竖画的上下都不出头。总体来说，这串玉的形象仍然算是保留了下来，而"玉"的本义即指美好的石头、玉石。

"玉"与"王"

"王"的甲骨文、金文，都是一把大斧的形象，这把大斧斧刃朝下，杵地而立，显得颇为沉重，分量十足，有种威严而不可侵犯的气场——这就是王者之斧，象征着王者的力量和权威。这与同时期的"玉"字截然不同。然而"王"字

◎王 甲骨文

◎王 金文

◎王 小篆

继续演变，斧刃的形象渐趋简化，到了篆文，它也被定形为一竖贯通了三横的字形。"玉"与"王"两字在这一阶段最为相似。

就像前面所说的，虽然它们看起来相似，但仍旧存在明显的区别：篆文"玉"字正中一横与上下两横之间，间隔是相等的；而篆文"王"字的中间一横，则更为靠近上面一横。这是什么原因呢？因为"玉"字表示一串玉，人们自然是要把三片玉石尽可能均匀地串联，这样才更美观，所以古人便将"玉"字中的三横等距离排列；而"王"字发展到了篆文，

构形已经被赋予了丰富的哲学含义：字形中的三横分别代表天、人、地三者。

什么是王呢？古人认为，能够参通天、地、人三者并将其相互联系起来的，才是世间王者，因此字形中有一竖贯通，有"参通"之义；而王字中间一横更靠近上端的一横，也同样隐藏了一种深意：古人认为王者是接近于天的人。换句话说，生于人世而近于天、知晓并效法天道的，为人中王者。

可见这一横在位置上的变动，体现了古人十分深邃的思索。

◎王 隶书

◎王楷书

◎王楷书

◎玉楷书

道理很清楚，但是这种仅仅中间一横位置的差异实在不够显著，"玉""王"两个字实际书写起来，尤其是写得比较潦草的时候，看的人仍然很容易弄混、认错。显然是考虑到这一点，后来

古人又为"玉"字多加了一个点画，以区别于"王"。

这样一来，楷书中的"玉"与"王"这两个字就彻底分别开来了。可是仍旧有一个问题没有得到解决：当"玉"作为部首或部件出现在合体字中时，多数时候它仍旧与"王"的字形相混淆。当"玉"出现在合体字的下部，构成诸如宝、玺、莹、璧等字时，"玉"与"王"不混淆；但当"玉"出现在合体字左侧作为部首时，"玉"皆写作"𤣩"，被唤作"斜玉旁"，因为不带那一点，容易让人误解为它是"王"的变形，所以往往被人叫成"提王旁"。带有斜玉旁的字很多，且当然都与玉石有关，只要想想像"琼瑶""琳琅""珠玑"这些词就知道，它们清一色都是指美好的玉石。

名字中的玉

中国人起名字喜欢用带"玉"的字。三国时期有很多名将，他们的名与字中就有不少带了斜玉旁，比如雄姿英发的名将周瑜，名"瑜"，字"公瑾"；而诸葛亮的兄长、东吴重臣诸葛瑾，名"瑾"，字"子瑜"。"瑜""瑾"两字都是指美玉，有成语"怀瑾握瑜"，形容人拥有像美玉一样的高洁品格。乾隆皇帝十几个儿子的名，更是清一色用了带斜玉旁的字：永璜、永璋、永珹、永琪、永琮等。

◎玉 隶书

玉 ◎玉隶书

玉 ◎玉隶书

这一连串由各式玉石雕琢而成的皇族嘉名,其中所寄寓的"君子如玉"之希冀,自不待言。

玉与君子与礼

许慎在《说文解字》中说,玉有五种美德,分别是:仁、义、智、勇、洁。玉石质色皆温和润泽,如同人有仁爱、多有眷顾;玉石纹理表里如一,如同人有忠义、内外一致;玉石的敲击之声舒展清扬、致于四方,如同人有智慧、惠及他人;玉石坚韧、不折不挠,所谓"宁为玉碎,不为瓦全",这如同人有勇毅、不易屈服;玉石碎裂有锋利断痕却不伤人,如同人能处事端正、洁身自好。

根据《礼记·聘义》的记载，孔子则早有"君子比德于玉"的论断，且不厌其烦地罗列了多种与人美德相似的玉的特质，并引《诗经》的诗句"言念君子，温其如玉"，来说明君子与玉在"德"上的相通。

◎ 玉 甲骨文

因此古人会说："君子无故，玉不去身。"[1] 这是说，没有特殊缘故，君子不让玉佩离开自己的身体。这当然不是因玉佩珍贵要爱惜有加，而是因君子观玉之颜、闻玉之声，能时时提醒自己端正其身、净化其心。玉不离身，便是一刻都不能有违于高尚的追求。

可见，玉是君子之心的寄托。君子之心与玉的这种对应，恰好是德与礼的关系：一主内，为内部秩序的构建，一主外，为外部秩序的呈现，两者互为表里，相辅相成。因此玉成为礼的象征，千年不易。

---

[1] 出自《礼记·玉藻》："君子无故，玉不去身，君子于玉比德焉。"

"礼"字之甲骨文即对此有所印证：它是两串玉与一面鼓的形象组合，会意击鼓献玉以祭奉神灵。古人心中，物莫贵于玉，乐莫重于鼓，它们都是可以沟通人、神的媒介，因此用一字兼言两者，以表至高的礼敬。

◎礼甲骨文

◎王隶书

◎玉楷书

汉字中有一个以"玉"为核心的"字群"，"字群"中的汉字彼此联系如星辰布列，闪烁着"礼"的光芒。中国的"国"，其字源与"玉"本没有什么关联，反倒与"王"颇有渊源，但其简化字却最终定形为如此一个紧绕"玉"字展开的四方疆域，不得不说，又格外契合了这片土地的古老秉性——一个追慕君子如玉的国度，一个崇尚德礼秩序的文明。

璞

『玉』并不是玉最初始的形态。想要做成由绳线牵连起来的串玉，还得先得到玉石，再将它们雕琢和打磨好。那么要从哪里得到玉石呢？古人云：『瞻山识璞，临川知珠。』描述玉之原貌的字，便是『璞』。

那些天然生成，被重重裹藏于山石深处，仍处于原始状态、未经雕琢的玉，叫作璞玉。这个"璞"字笔画不少，一不小心容易写错，且透过字形让人很难理解这个字为何表示"原始的玉"。但如果我们看过了它的甲骨文，理解起来可能就容易多了。

"璞"的本义

"璞"的甲骨文，是画了一座深山的矿洞，矿洞的外层，是由一个个尖角所表示的乱石，而矿洞里面，又细致入微地刻画了四样东西：一双手，一件开采玉石的工具，一个

◎甲骨文

◎楷书

◎隶书

"玉"字，还有一个竹筐。将这几样东西组合在一起，我们不难想象出这样的场景：人们带着用来挖石的工具，带着盛东西用的竹筐，进山采玉，一双双粗糙有力的手反复挥动，叮叮当当，一下一下地，将裹着石头外衣的璞玉，从山体上挖取下来。

字形演变至今，"璞"字左部这个"𤣩"当然就是正在挖掘的那块璞玉；右边最上方的"业"，其实就是甲骨文中矿洞外层的乱石之变形；中间近似于"¥"的几笔，也就是那把用来凿石挖玉的工具之变形；而最下面的一横一撇和一捺，则是那双持工具挖玉的双手之变形。这样看来，字形中比早前缺少了什么呢？就是那个用来盛放玉石的竹筐，省略它确实不影响整个字形的表意，且适当减少了字的笔画，使其不过于繁复。

将凿石的"凿"字拿来与"璞"字作对比，可知两者字形之间存在相同的部分："业"表示乱石丛生的矿洞外层，近似于"¥"的几笔，表示击玉挖石的工具。"凿"字下面的"凵"，其实可以理解为"璞"字中消失的那个竹筐的简化变形。可见两字之间存在着颇深的渊源——毕竟挖寻璞玉，总要凿石在先。

璞玉，就是内为美玉、外为石衣，虽然内在华美高贵，但外表却依然天然质朴。因此，拥有那种不加修饰的天然之美的人与事物，我们会以"璞玉浑金"来形容，"璞玉"就是未经雕琢的玉，"浑金"即没有冶炼过的金；而如果人或

◎楷书

璞

其艺术创作，经过了从华丽到纯朴的转变，则可以用"返璞归真"来形容，意思是说这种转变就好像是从雕饰过的玉重回璞玉的状态，从对表象的执着归于对本真的追求。

"璞"的象征意义

在中国文化史上，璞玉是一个具有丰富内涵的意象，它既象征着浑然天成之质，也象征着美而不为人知。春秋时代有一个著名的故事，说楚国有一个叫卞和的人，把在山中得到的一块璞玉，也就是含有玉却未凿开的石头，献给了楚国的厉王和武王，但两任君王都听信了玉石匠人的谗言，认为这是卞和拿石头冒充玉，便先后以欺君之罪分别砍去了他的左右两脚。后来，楚文王继位，卞和抱着这块璞玉，在荆山之下痛哭了三天三夜，直到哭干了眼泪，又哭出了血。楚文王知道了这件事，就命人剖开这块璞玉，果然得到一块举世无双的美玉，后将它雕琢成了一枚绝顶珍贵的玉璧。这就是成语"抱璞泣血"和"卞和泣玉"所指称的故事，而这块玉璧，就是千古传名的"和氏璧"。

这个故事讲述了璞玉的深藏之美难以被人认知，正像真正有才德的人也难以被当权者赏识、重用一样，璞玉自此便带上了怀才难遇的隐喻意义。

李白有："巴人谁肯和阳春。楚地由来贱奇璞。"[1] 诗人以此来抒发自己不被重用的怨愤。

苏轼也有诗云："灵犀美璞无人识，蔚蔚空惊草木妍。"[2] 犀角璞玉、茂美草木，贤能才士就像这些事物一般，品质珍贵却无人欣赏，空自感伤。

但并非所有的璞玉都志在成为受人赞美的事物。战国时期的隐士颜斶，在推辞齐宣王的召见时说："夫玉生于山，制则破焉，非弗宝贵矣，然大璞不完。"意思是，璞玉生在深山中，经过玉匠加工，破石而取玉，虽然其价值仍然宝贵，但这块璞玉本身已不再本真完美了。颜斶这是用璞玉来作比，意在表达功名利禄对他而言，是让人丧失本真心志的事物，他并不希求。后来，人们便以"大璞不完"来形容旧时因出仕做官而失其本心的人。

玉之表礼，以"璞"而象征朴素本真之心。《庄子》中有："朴素而天下莫能与之争美。"天成之大美，非常人可识，又非俗物能相匹。《道德经》中有："见素抱朴，少私寡欲。"入得朴素无争之境，方能"人不知而不愠"，乃称君子。

---

[1] 出自李白的《答王十二寒夜独酌有怀》。
[2] 出自苏轼的《题沈氏天隐楼》。

弄

采玉人自深山大川辛苦挖掘得来的璞玉，仍然裹着坚硬粗糙的石壳，虽蕴藏玲珑之心却其貌不扬；需要经过细致用心地切、磋、琢、磨，才能得到一块可捧在手中赏玩的美玉。人用双手捧着玉，这就是『弄』。

"弄"的本义

"弄"的甲骨文、金文字形简明易懂,尤其金文最为直观,画的就是一双手捧着玉石把玩的样子。玉石是一种让人为之着迷、爱不释手的宝贝,"爱不释手"这个词,就是对"弄"字的最好诠释。尤其是在"君子无故,玉不去身"的时代,玉是中国文士每天相伴之物。许慎《说文解字》中说,弄,就是玩;玩,就是弄。所谓"玩弄","玩"和"弄"是意义相通的两个字——很显然,"玩"字左边也是一个"玉"字。相较于我们小时候喜欢玩的玻璃球,古人就是"高端玩家"了,他们从小一上手玩的则是美玉。

◎甲骨文

◎金文

◎小篆

◎隶书

古有"弄玉"的典故，能够很好地说明"弄"字的本义。相传春秋时期，秦穆公的女儿在一周岁行"抓周"礼时，在众多金石珠宝中，小姑娘唯独抓取了一块碧色美玉，而这块玉恰好是她出生那天，别人进献到宫里的。她抓住这块玉就不再松手，由于这反复把弄玉的可爱模样，秦穆公就给她起名叫"弄玉"。弄玉长大后聪明美丽，精于音律，无师自通，善于吹笙。秦穆公就让巧匠将那块美玉做成了笙，弄玉之笙，乐声像凤鸟的鸣叫。弄玉生来与善吹箫的太华山之主萧史有凤缘，后来奉天命而成神仙眷侣。有一天，二人合奏，忽见天上飞来一龙一凤，萧史乘赤龙，弄玉乘紫凤，从凤台双双翔云而去。这就是"吹箫引凤""乘龙快婿"的典故。李白曾为此写了一首《凤台曲》："尝闻秦帝女，传得凤凰声。是日逢仙子，当时别有情。人吹彩箫去，天借绿云迎。曲在身不返，空余弄玉名。"

"弄"的引申义

◎楷书

由捧玉把玩这项本义引申开来，"弄"可以用来表达许多种动作，涵盖范围广泛。"弄"表示摆弄、舞动，有"起舞弄清影，何似在人间""沙上并禽池上暝，云破月来花弄影"；"弄"表示玩耍、游戏，有"低头弄莲子，莲子清如水""郎骑竹马来，绕床弄青梅"；"弄"表示玩赏、观览，就有了"掬水月在手，弄花香满衣""一振高名满帝都，归时还弄峨眉月"；"弄"表示修饰、打扮，有"懒起画蛾眉，弄妆梳洗迟""黄金羞壮士，红粉弄佳人"；"弄"表示从事、做事，有"十三弄文史，挥笔如振绮""青青稻畦初布秧，人家掩扇弄事忙"。

"弄"还引申为演奏、奏乐。李白有："拂花弄琴坐青苔，绿萝树下春风来。"王涯也有："银筝夜久殷勤弄，心怯空房不忍归。"

《世说新语》中，记载了一个与"弄"有关的动人故事。东晋名士王徽之，有一次远赴都城建康时泊船在岸边，恰巧遇到音乐家桓伊在岸上经过。两人素未谋面，但王徽之却早就听闻桓伊善吹笛。王徽之便命人请桓伊为他吹奏一曲。桓伊也素来听闻王徽之的名声，虽然此时自己已经地位显贵，得此邀约仍旧立即下车，然后："踞胡床，为作三调。弄毕，便上车去。客主不交一言。"这是说，桓伊坐在一张折叠小凳上，吹奏了三曲，吹完以后便上车离去。从头到尾，王徽之、桓伊两人相互间一句话也没说。

◎隶书

◎楷书

　　相传桓伊为王徽之所奏的，就是后来传世的笛曲《梅花三弄》。一个愿听，一个愿"弄"，这是知音之间的尊重欣赏与感激成全。三"弄"笛曲而只字未言，这是心有灵犀：此时无声胜有声。故事虽短，却可见晋人的洒脱旷达、不拘一格。几百年以后，离愁中的苏轼，曾被悠扬的笛声惊醒，也不禁问："谁作桓伊三弄，惊破绿窗幽梦。"[1]

---

[1] 出自苏轼的《昭君怨·送别》。

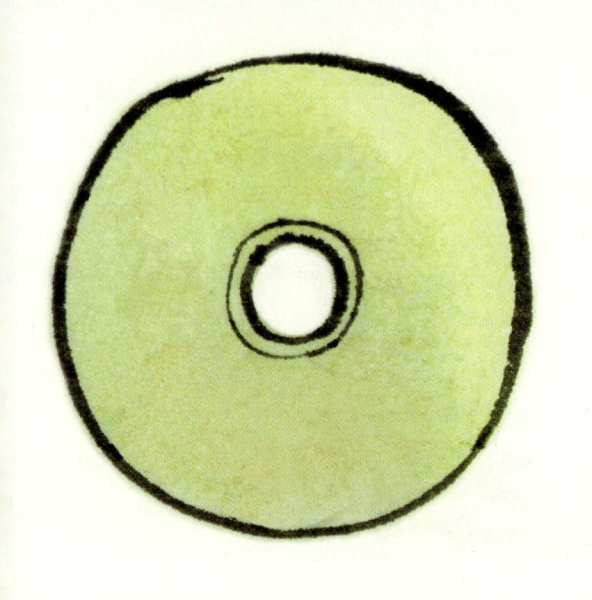

"天下皆知美之为美，斯恶已。"随着时代发展，"玩弄"的对象不断地扩大，由玉到他物，由物品到人、事，由实而虚。与此相应，其字(词)义也逐渐由褒到贬，亦褒亦贬，二者并存。"弄"字常常包含滥用、戏耍的意思，比如"弄权""弄巧"等。在这个意义上进一步引申，"弄"就有了轻蔑的意味，像"捉弄""糊弄""侮弄"等都带有不尊重的色彩。

　　玉之表礼，以"弄"而喻奉德之心。告别了"璞"的美在其中人不识，至于"弄"而有人见人爱，爱不释手的显在之美。何物令君子爱不释手？唯有如玉的明德。

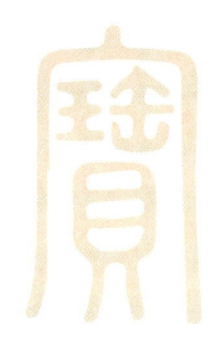

宝

玉在古人心中究竟有多好？人们不仅要拿在手中把玩舍不得放下，还要放在屋里妥妥地安置好，稳稳地藏起来。藏在家里的玉，甚至成了天下珍『宝』的代名词。

"宝"的本义

"宝"的甲骨文字形,描绘的是一间房子里主人藏有的各种"家当"。字形最外面,画的是顶上尖尖的屋顶和两侧竖立的墙壁,也就是后来的"宀";房子里面放了一个表示贝壳的"贝"字和一个表示玉石的"玉"字。到了金文,字形中又额外增加了一个表示生活器皿的"缶"字。"宝"的本义就是宝物、珍宝,珍稀贵重的事物。

◎宝 甲骨文

◎宝 金文

◎宝 小篆

◎朋 甲骨文

古时候,贝壳曾被人们作为货币,五贝为一系,两系为一朋。"朋"字的甲骨文就是两串相并联的贝壳。玉的用处则更为广泛,它作为信物、礼器、饰品、货币,都有很显著的价值。后来添

加的这个"缶"字，最初是一种古老的瓦器（古时人们还常常击缶而歌，缶可视为一种乐器），在此处就代表器皿，人们衣食住行，都离不开各种器皿。简单来说，贝、玉、缶，都代表了十分有价值、有用处的事物，将它们挑选出来作为一家之"宝"，是很自然的。

直到今天，过年的时候我们还常常见到，有些人家门上会张贴一张"招财进宝"的斗方，巧妙地借用这四个字的笔画，组成一个合体字图。其中的"宝"字用的是繁体的"寶"，它的构形本身，就能让人联想到这是一个富庶的人家。不过，后来人们还是嫌"寶"这字形有些繁复难写，因而去掉了早已不用作货币的"贝"，也去掉了不再用其盛物的"缶"，只保留了一个"玉"字在屋宇之中。

在《左传·襄公十五年》中，讲了一个饶有意味的故事：宋国有个人得到了一块玉，要把他献给宋国贤臣子罕，却遭到子罕的拒绝。奉玉的人以为子罕看不上它的价值，就解释说，这是块已被行家鉴定为宝物的玉。子罕这时说了一段话："我以不贪为宝，尔以玉为宝，若以与我，皆丧宝也。不若人有其宝。"意思是，我把不贪求物欲的品质作为珍宝，而你把这块玉作为珍宝。如果你把玉给了我，咱们两人就各失其宝、两头不值了。

这是一段非常有趣的高论，它彰显了自己的为人品质，也婉拒了对方的好意，还道出了这样的道理：人活于世，彼此所追求的价值和意义是不同的，不能轻易以己度人。

"宝"的引申义

当"宝"字用作动词时，就是"以某物为宝"的意思，也就是珍爱、珍重。《尚书·旅獒》中有："不宝远物，则远人格；所宝惟贤，则迩人安。"这是太保召公劝诫武王的话，意即若君王不贪爱远方物产，他国的人就会来归顺；若君王所珍重的只有贤能才士，本国的百姓就能安居乐业。

以人的美德、才行为宝，不仅太保召公、子罕这样看，贤者皆这样看，这是一种在古时很普遍的价值共识。因此在古人的言谈中，"宝"字有时专指人的德才。《论语·阳货》中，一心想见孔子的阳货质问孔子："怀其宝而迷其邦，可谓仁乎？"意思是，你怀藏才智、德行，却任凭国家混乱，这还能叫作"仁"吗？后来，人们便用"怀宝"来比喻自藏其才、隐而不用。黄庭坚就有诗言："怀宝仁者病，偷安道之邪。"这是说，仁者是不会自藏其才而不露不用的，履道者则不会贪图安乐而少作为。

◎ 隶书

◎ 隶书

◎ 隶书

"宝"与"器"

　　不过，如果从更深的层面，回过头来再看"宝"的古字形，仍然别有深意：字形中的"贝"，强调它作为货币的用途，可视为中国哲学中"用"的一面；而后来增添的"缶"，作为生活器皿，可视为哲学意义上"器"的一面。器是先于用、高于用的——先有器，才能有用；虽然器有用，但没有被使用，它也是器。子曰："君子不器。"[1] 孔子这句话，内涵

---

[1] 出自《论语·为政》。

深刻，简单来说，就是君子不能追求简单的有用，而应该追求更高远的存在意义。所谓"形而上者谓之道，形而下者谓之器"[1]，透过具体的形制与功用，去领悟万物更深刻的本质，即是古来有志之士的大追求。

◎甲骨文

◎楷书

◎楷书

玉又是一种什么样的事物呢？纵观中国的文化史，玉便是这样一种带有独特气质的事物：介于这有用与无用之间，也介于成器与不成器之间。这样想来，再看"宝"字今天的简体构形，就觉得也很微妙："贝"可无，"缶"可免，一宇之下，唯有"玉"存——大用易有，名器难寻。

玉之表礼，以"宝"而明君子不器之志。玉之所以为宝，在于其可以成器为用，又非为此器用而生。君子亦然，不为任何具体的小用而生，只为天地正道而生，不拘成器，方可大器。

---

[1] 出自《周易》。

班

欲知不器之深义，又必先知成器之事。古人云：『玉不琢，不成器。』成器的玉，在中国古代用途甚多，而这些往往始于一把小刀的切分刻画之功。『班』字就记载了先民琢玉时意味深长的一刀。

"班"的本义

"班"的金文字形很直观，左右各是一块"玉"，中间是把小"刀"。这把"刀"在今天的简体字中，由于书写的空间限制，被挤压成了一点一撇。好好的一块玉，为什么要一刀切割成两半呢？说起来，这一刀可大有用处。

古时候，这块被一分为二的玉称为"瑞玉"，《说文解字》记述说，"班"就是"分瑞玉"。什么叫瑞玉呢？其实就是一种玉制的信物或者凭证。一块玉一分为二，今天你拿一半，我拿另一半，等到很久以后我们再重逢了，虽然模样

◎金文

◎小篆

◎隶书

已经变得不像从前，但拿出这两块玉，发现它们可以完美地合成一块，这说明我们彼此没有认错人。这种场景最早出现于古代天子与诸侯、藩王之间，天子把一半瑞玉分给这些诸侯与藩王，相

当于承认了他们的合法身份，彼此建立起权力、礼仪与情感层面的关联。

这种瑞玉类的信物在古时候各种领域中都有所应用，我们所熟知的"虎符"，就是在军事领域中的应用。把一只玉石或青铜做的老虎形符节，从中间分成左右两半，君王拿右半边，将领拿左半边。需要作战发兵时，君王就要派人带上右半边符节赶往前线，与将领所持有的那个左半边符节验合之后，才能发兵。虎符材料以青铜、金、玉为主。古人为玉制虎符专门造了一个"琥"字，也就是"玉"加一个"虎"。白虎是天之四灵、四象之一，位在西方，五行属金，掌管军兵之事，因此古人以"琥"作兵符。

"班"的引申义

由将瑞玉一分为二之义，"班"引申为分开的。李白《送友人》中有："浮云游子意，落日故人情。挥手自兹去，萧萧班马鸣。"最后一句中的"班马"，容易写成身上有黑白条纹的那个"斑马"。什么是"班马"呢？因为"班"有分开的意思，所以"班马"就是分开的、离群的马，李白这里说的，是友人所骑的即将远行的马。那这"班马"的鸣叫声有什么特别之处吗？有，因为马是一种一旦离群看不见同伴就会嘶鸣的群

◎楷书
班

居动物，分别之际，两匹马自此分道扬镳，那一刻的"班马"之鸣，就仿佛代替了友人间告别的言辞，又为这场送别增添了些苍凉之声。短短两句，言简情深。

继续引申，"班"表示铺开、广布。有一个出自《左传》的成语叫"班荆道故"，是说一个叫伍举的人和老朋友声子相遇于郊外，两个人就把荆条分散铺陈在地上，坐在上面一同回忆往事、互诉衷肠。"班荆"就是分散荆条、铺开荆条之意，"班荆道故"就用来比喻朋友在路上偶然重逢，就地叙旧谈天。

"班"不仅能表示分开的马匹、铺开的荆条这些具体之物，还能表示分开抽象意义的等级、位次。《礼记·曲礼》中有："班朝治军，莅官行法，非礼威严不行。"其中，"班朝"，就是分排朝廷上官员的等级、位次。如果将此义项直接用作名词，就表示等级、位次，"班位""班列""班辈""分班序齿""引入仙班"等，都是这种用法。

继而，分发某物也能用"班"来表达，因为"分给"就是先分而后给。古人以"班散"来表示分发给用，以"班赐"来表示分发赐赏。发布一条政令，本质是一种分散消息的行为，因此也可用"班"，意即颁布。比如"班政"是颁布政令，"班春"是颁布春耕政令。

继续引申，如同"归"的字义从"女子出嫁"引申为"返回"那样，"班"字也有这样的引申现象：它由分发出去，引申为遣还、调回。所谓"班师回朝"，就是调动出征得胜的军队返回朝廷；"班师振旅"，就是把军队撤回进行整顿。陆游有诗云："萧相守关成汉业，穆之一死宋班师。"[1] 这是说，萧何固守关中，为刘邦赢得楚汉之争提供了保障；岳飞抗金十年，却因宋室撤军之令而死。

---

[1] 出自陆游的《读史》。

班荆道故

《世说新语》中记载了这样一件事。有个叫荀巨伯的人远道去探望生病的朋友，正好遇到胡人攻城，朋友劝他赶快离开，荀巨伯却认为弃友偷生不是君子之举，拒不辞行。胡人入城以后，就问荀巨伯为什么全城人都逃命了他却不逃，荀巨伯回答说："我愿用自己的命来换取我这卧病朋友的命。"后面的情节是这样的几句话："贼相谓曰：'我辈无义之人，而入有义之国。'遂班军而还，一郡并获全。"意思是，这群胡兵听了，相互感慨这里竟然是个如此有情有义的地方，并为他们自己不仁不义的侵略之行而羞惭，所以撤军而返，一郡因而得以保全。句中的"班军"，就是调回军队。

　　从"分出去"到"调回来"，就像"班"字中的两半玉，从被刀切分开来，到重新拼合起来。这个过程正仿佛道明了瑞玉的用法：分离，是为了重逢相认。

　　玉之表礼，以"班"而成瑞信、符节之物。班者，当分则分，当合则合，致礼，示信，缔约，承诺，诸般作用，省却千言万语，尽在一分一合之间。

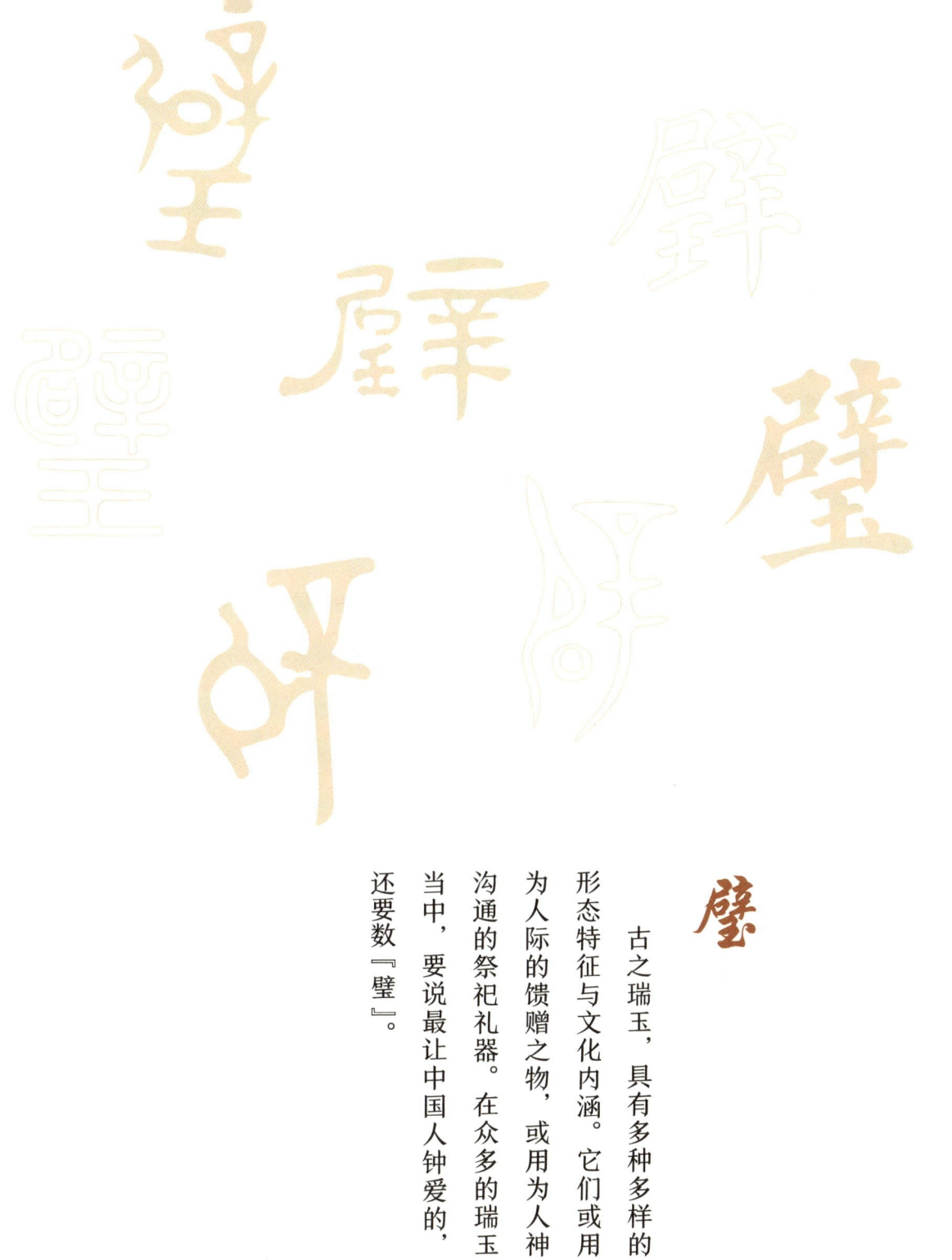

古之瑞玉，具有多种多样的形态特征与文化内涵。它们或用为人际的馈赠之物，或用为人神沟通的祭祀礼器。在众多的瑞玉当中，要说最让中国人钟爱的，还要数『璧』。

"璧"的本义

璧，是一种外形平圆的玉，在正中处有圆孔，玉边宽度是内孔直径的两倍。玉璧的应用范围很广，既用于标志和象征权力地位，也常在祭祀、墓葬、外交礼仪中作为重要的信物出现。

◎璧 甲骨文

◎璧 金文

◎辟 金文

◎辟 甲骨文

璧字写作"玉"上一个"辟"。它上面的这个"辟"，读作"bì"，常常被视作一个单纯的声旁，事实上，它的会意作用很明显且很重要。"辟"的甲骨文，左边是一个跪着的犯人，右边是一把用作刑具的刀，两部分组合一处，不难想象，这描述的是一场残酷的刑罚，这刑罚当然与法治、王权有关。因而"辟"字后来在古文中，往往代表法治或王权。《说文解字》中说："辟，法也。"还有《诗经》中的"辟言不信"[1]，意思就是不听信合于法

---

[1] 出自《诗经·小雅·雨无正》："如何昊天，辟言不信。"

◎辟金文

度的言语；"济济辟王"[1]，就是庄重恭敬的君王；"复辟"，是指失位的君主恢复其权位。

这样，当"辟"与下面的"玉"字上下组合，就会意王法之玉、王权之玉，是象征不可侵犯之地位的玉。因此，在古时祭祀天地四方的六种玉制礼器中，璧是排位于榜首、用于礼祭上天的。

在《周礼·大宗伯》中就有："以苍璧礼天，以黄琮礼地。"为什么选择这两种玉器来分别对应天与地呢？在古人的哲学观念中，有"天圆地方"之说，由于璧是圆形的，"苍璧"，就是深青色的圆璧，正好象征青黑色圆融无尽的苍天；"琮"则是外形为八角的方形玉，中有圆孔，"黄琮"，就代表大地。当然，"天圆地方"中所讲的圆、方，并非是指几何形状上的方圆，而是以"圆"来比喻天道，以"方"来比喻地道——天是圆融无尽、周旋不殆的，地是万类分明、静止有界的。

---

[1] 出自《诗经·大雅·棫朴》："济济辟王，左右趣之。济济辟王，左右奉璋。"

由于璧在各种玉制礼器之中拥有这种崇高地位，因此古人也往往用璧作为贵重礼物赠予他人，来传达敬意、忠诚、问候等信息。比如古时诸侯朝见天子，或是卿大夫奉命会见邻国国君，都往往执玉璧作为见面之礼。此外颇具代表性的是君王以赠璧的方式来表达对人才的尊重与赏识，这就是《荀子》中的"问士以璧"，君王礼贤下士、征询国事意见时，所赠送对方的，就是玉璧。曹植有诗云："君王礼英贤，不吝千金璧。"这是说，君王不吝惜用价值千金的玉璧来礼待贤士，这正是"所宝惟贤"的表现。

因赠璧之礼总是往来于王室贵族之间，玉璧也就随之被视作特权的一部分，逐渐成为一种贵族身份的象征。周代即有谚语："匹夫无罪，怀璧其罪。"意思是，平民百姓本来没有罪，却因为持有了玉璧而获罪。什么缘故呢？那时候玉璧既然是一种贵族身份的象征，

◎小篆

◎隶书

◎楷书

便不应该为普通百姓所持有；平民百姓家有了不该有的玉璧，一来逾越了礼制，二来招致了偷盗的猜疑，便势必要因此而获罪。这个谚语的含义和用法后来发生了变化，多用于比喻人因为有才能、有理想而无端遭受迫害。

"璧"的引申义

凡此种种，皆能印证玉璧的特殊与珍贵，"璧"字也就顺理成为美玉的代名词，继而成为广泛珍贵之物的代名词。形容事物美中不足，叫"白璧微瑕"；表达时光珍贵，则有"尺璧非宝，寸阴是竞"[1]；日月团圆而光明，因而常被美称为"璧日"和"璧月"；而仪容美好的人也自古有"璧人"之称。

璧 ◎楷书

除此以外，"璧"还有一种特殊的用法，就是旧时人们说物归原主或者谢绝馈赠，往往不说归还，而是敬称"璧还""璧谢"或者"璧赵"。这源于一个著名的历史典故——"完璧归赵"。这其中的"璧"，正是那块被卞和三献楚王、最终雕琢成器的和氏

---

[1] 出自周兴嗣的《千字文》，意即比起一寸光阴的珍贵，一尺的玉璧也不算什么。

璧。战国时，这块玉璧到了赵惠文王手中，而秦昭王也非常想得到，便提出要用十五座城池来交换这块玉璧，后世因而谓之"价值连城"。当时秦强赵弱，赵王既不敢得罪又怕被骗，他因为这件国宝的归属陷入了两难的境地。

传奇人物蔺相如就在这时华丽登场了，他掷地有声地对赵王说："城入赵而璧留秦；城不入，臣请完璧归赵。"意思是，我去见秦王，要么让他如约以璧换十五城，要么我定将和氏璧完整地带回赵国。来到秦国后，蔺相如见秦王果然明摆着是想强占便宜，就使出了几个令其名垂千古的奇招：第一招，叫兵不厌诈，他谎称玉璧有瑕疵要指给秦王看，愣是把玉璧从秦王手里夺回；第二招，叫以死相逼，说秦王如果

失信不以城池交换，他就一头撞死在这里，来个人玉俱毁；第三招，叫 缓兵之计，他要求秦王也仿照赵王那样，要隆重斋戒五天后，才能交接这件国宝，以示尊敬。秦王为了保全玉璧假装答应了他，却让蔺相如得到喘息之机，成功使出最后一招：瞒天过海，蔺相如安排一个属下化装成平民百姓，偷偷从小道将玉璧运回了赵国。

辟 ◎楷书

璧 ◎楷书

　　震怒的秦王知道为时已晚，杀了他也于事无补，蔺相如得以平安无事地归赵，并因此事被封为上大夫。再后来，统一天下的秦始皇，将这块"和氏璧"雕制成传国玉玺，上刻"受命于天，既寿永昌"八字，成为帝王无上权力的象征。相传该玉玺在唐后失传，后人无缘一睹它的真容，但它对中国玉文化甚至整个中国历史，都仍然存有十分深刻的影响。

　　值得一提的是，蔺相如肯为一块玉璧将生死置之度外，正印证了"璧"字本身的大不同之处——它是"君权之玉"。重要的不是它的连城之价，而是一国君臣百姓尊严的象征。而从卞和到蔺相如，即可见中国古人惜玉如身的君子品质一脉相承。

璧与璜

如果把璧从中间一分为二，就得到了两块半璧形的玉，这种玉，古人称之为"璜"。同样，从出土的各时代的玉璜实物来看，许多玉璜实际上并非严格的半璧形，而是大小不一的条弧形玉器，那些只有三分之一甚至四分之一璧形的玉璜，更像是彩虹或者拱桥的模样。

璜除却用作佩玉和饰品之外，更重要的也是作为"六器"之一："以玄璜礼北方。"[1] 就是用黑玉制作的璜来礼祭北方之神玄武。

以玉表礼，凿为"璧"形以成奉天君王之象。璧者，其圆象天，因天圆而地方；古之圣王尚礼用璧，礼天承命，君临天下。古人云："君者，治辨之主也，文理之原也，情貌之尽也。"[2] 团若日月满如圆，求全责备己身先。

---

[1] 出自《周礼·大宗伯》。

[2] 出自《荀子·礼论》，句意为：君主是治理天下的主宰，是礼义的本源，是真挚感情和恭敬礼貌的最高典范。

瑗

有一种与璧在形制上很相似的玉器,叫作『瑗』。但人们对这种玉相对比较陌生,因为它的用处向来很特别——它是一种用于『手拉手』的玉。

"瑗"，是在"玉"的右边加一个"爰"。瑗是一种什么样的玉呢？我们已经知道璧是中间有孔，且玉边宽度是内孔直径两倍的扁平圆玉。如果反过来，将孔的宽度做成玉边宽度的两倍，那么这种玉器就叫作"瑗"了。事实上，从后世出土的实物来看，无论是璧还是瑗，其孔与玉边宽度的比例关系往往并不严格，因此大致来说，孔小边大的是璧，孔大边小的是瑗，瑗是大孔的璧。

◎瑗 战国文字

◎瑗 小篆

◎瑗 隶书

◎爰 甲骨文

◎爰 金文

"瑗"的本义

为什么说瑗是一种用于"手拉手"的玉呢？"瑗"的字形就将这用途呈现得很清楚。它左边依旧是"玉"，右边则是一个"爰"——其本义的关键就在于这个"爰"。

"爰"的甲骨文，画的是这样一个场景：上面一只手，借助一根小棍儿，拉着下面一只手。它表达的意思不难猜测，就是拉引、牵引。

篆文以后，上下两只手中间那根小棍则变化较大，整个字就最终定形为"爰"。这样一来，"瑗"字的本义就不难解开了："玉"与"爰"，合起来就表示起到拉引、援引作用的玉。

瑗的两种功用

这种"手拉手"的援引作用主要体现于两个方面。

一方面是精神层面上君臣之间的"手拉手"。这是指用玉瑗作为信符瑞玉，是一种在高位者召见在低位者的凭证。《荀子》讲"召人以瑗"，意思是君王要召见朝廷大臣或外国使节时，会派遣使者持瑗相赠，一来作为召见旨意的凭证，二来体现君王对被召见者的尊重。这种"召见"的本质，就是"爰"所示的"拉引"的本义，君王用这块玉把臣子、使节"拉"到朝堂之上，"引"到自己面前。这是"瑗"最重要的用途。

另一方面，是真的用于手拉手。因为玉瑗有时还作为一种实用工具，而使用者也仅限于君王。约至汉朝时期，玉瑗原本扁平的造型，逐渐变成中间厚实、环边渐薄的枣核状。汉朝皇帝上下台阶时，会与近旁侍奉的人共同握持一块玉

◎ 爰 小篆

◎ 爰 隶书

◎ 爰 楷书

瑗，即借助玉瑗手拉手。这样，一来发挥了玉瑗"引"的作用，侍臣借玉瑗牵引皇帝，使其不至于意外摔倒；二来古时天子尊贵，轻易不与人有肌肤接触，玉瑗可作为取代接触的媒介工具，用以保证皇家威严。

总体来说，这是一种功能较为特殊和固定的玉器，通常为君王所用，在平常人家和一般场合都很少用到。当然，玉瑗同其他形态的美玉一样，也有作为美学饰品出现的一面，随着时代的推移，玉瑗的礼器功能、扶引功能渐渐退化、废止，装饰功能相应则得以放大。

◎楷书
瑗

玉之表礼，凿为"瑗"形以象援引之德。日月的光照，使百谷草木向上生长；圣贤的典籍，使后世学子获得启发；王公的礼节，使栋梁之材前来奔赴。这些，都是世间的援引之德，当为君子所效法。

环

玉瑗作为饰物的演变，却逐渐归入另一种与其形态相似且更为常见的玉器演化脉络中——这种玉叫作『环』。

"环"的本义

"环"字繁体写作"環",这是承袭其金文字形而来——它的右半部"睘",上面是一只眼睛,下面是一件衣服上装饰了一个圆形物,连起来表示人所佩戴的一种圆圈形的饰物;再与左边这个"玉"字组合起来,就表示一种圆圈形的玉。

◎金文

◎小篆

◎楷书

◎隶书

《说文解字》中则进一步给出了"环"的定义:"肉好若一,谓之环。"这是说,环的内孔直径正好与玉边的宽度相等,它的形制介于璧与瑗之间。只是后来字形右部的"睘"被简化为一个"不","环"的这种"圆圈"特征,便无法直接从字里读取了。

古时,人们常常将环作为装饰物佩戴在身上。《礼记·经解》中记载古时天子:"行步,则有环佩之声。"这是赞美其君子风范,走起路来,身上所佩的环玉叮当作响。佩环为美的风尚,上至天子,下至黎民,纵贯千年。

◎楷书

環

环的隐喻作用

"环"字古时更重要的还是作为瑞玉使用，且一开始也是君王所用。《荀子》中有："反绝以环。"意思是，如果君王要召回被贬谪的臣子，那么就赐他一枚"环"。为何赐环？因为"环"就是"还"，这两个字不仅有相同的读音，且起初都以"睘"为部件，有着相同的字源。君王赐环给贬逐至边境之地的官员，就是要使其"归还"京城。苏轼的"赐环归画省，鸣玉率英寮"[1]，曹彦约的"暂分竹去宽宵旰，又赐环归近圣明"[2]，这些诗句都说明了"环"与"归"的对应关联。

后来，"环"表示"还"的隐喻意义，就不仅限于君王赐环召回被贬谪之臣的行为了。杜甫写王昭君的家国之情，就曾以"环"来隐喻："画图省识春风面，环珮空归夜月魂。"[3]这是说，君王糊涂，只依凭画图来识别美人容颜；月夜里环佩作响，那是出塞的昭君魂魄来归。诗句中的"环佩"，不仅指女子身上叮当作响的佩玉，还有更深一层的含义，就是"环"通于"还"，佩环即是以期归还，暗示了昭君虽远在塞外异域，却片刻未改思念故国之心，生时身不能还，死后也有魂魄归来。

---

[1] 出自苏轼的《寿叔文》。
[2] 出自曹彦约的《使君黄秘书上印有期闻严召已得好语赋诏律送》。
[3] 出自杜甫的《咏怀古迹·其三》。

"环"的引申义

"环"字后来泛指各种圆圈形的东西，仅仅女子身上佩戴的就有耳环、手环、指环、颈环等，而除此之外，旧时大门上有门环、兽环，剑柄有剑环，刀柄有刀环，现代奥运会有吊环、花环和五环标志，射击、射箭有靶环，城市还有围绕中心区成圈的一条条环城路。

围绕一物所走的路径也构成近似的圆环，因此有"群山环抱""险象环生"，黄庭坚有诗云："节去蜂愁蝶不知。晓庭环绕折残枝。"[1]事物的周期性运转也仿佛周而复始的绕环运动，因此有"四气鳞次，寒暑环周"[2]"万古长空无变异，循环日月空相催"[3]。

将人整个围绕其中的各种因素、地方、情况、条件等，称为"环境"，将一切事物团团包围的无垠空间，叫作"环宇"。可见，"环"引申出来的意义非常广泛。

---

[1] 出自黄庭坚的《鹧鸪天·节去蜂愁蝶不知》。

[2] 出自张华的《励志诗》。

[3] 出自释师范的《偈颂十七首·其一》。

贵妃杨玉环，名列中国古代四大美女之一。有一种观点，认为杨贵妃原名应为杨玉，她在年少时被爱称为"玉奴"，至册封前被尊称为"玉娘"，在册封成为贵妃以后，人们对她带有褒扬之意的戏称，便是"玉环"，而这个称谓则广受人们的认同与青睐，也最终为后人所铭记。那么为何称"玉环"？有

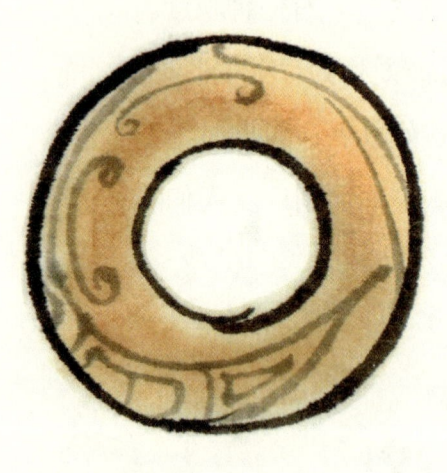

一种说法是，除了"环"本身是常用以佩戴在身的美玉之外，还额外取了"环"的另一个突出特征：圆润、饱满。古书中有以"姿质丰艳"来形容她的美貌，这里的"丰"字，就与"环"字，构成了一种相互诠释的关系：这不是一个骨感美人，这是个圆润丰腴的美人。

苏轼在评价书法作品应风格多样时，说："短长肥瘦各有态，玉环飞燕谁敢憎。"意思是，杨玉环的"肥"和赵飞燕的"瘦"都是美的，杨、赵同为美女，只是各美其美而已。后来人们就从这两句诗中提炼出成语"环肥燕瘦"，用来比喻女子体态不同，各有各的好看，或艺术风格各有千秋。

◎楷书 環

玉之表礼，凿为"环"形以成充盈之象。盈，即是满，是无所或缺，独立圆满；环，即是还，是首尾相接，终而复始。老子云："大盈若冲，其用不穷。"

玦

如果将玉环比作十五夜空的圆月,那么,是否也有形如缺月的美玉与之相应?确有一种,其名为『玦』。

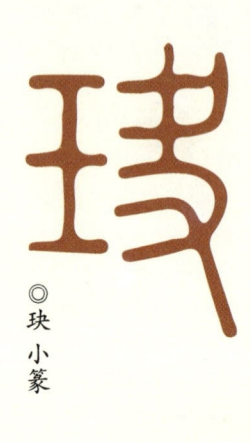

"玦"的本义

自篆文起,"玦"就写作左边一个"玉",右边一个"夬"。玉玦的特征与用途,就藏在"夬"字之中。

◎玦小篆

◎夬小篆

◎玦楷书

古人借"夬"表达断裂、缺口等含义。这在一些带有"夬"的字中很容易看出。比如我们给"夬"加上一个表示容器的"缶"字,就成了缺漏的"缺",表示器皿破了口;给它加上一个"水",就成了决堤的"决"(本作"決"),表示堤岸等被水流破了口;给它加上一个"扌",就成了抉择的"抉",表示挑出、剔出一件东西,使原本完整的事物或群体有了缺口;给它加上一个"讠",就成了诀别的"诀",表示用言语在两人之间打开了缺口,也即辞别。

同理,为"夬"增"玉"而成字,就表示在玉环上开出一个缺口,正是玉玦的形制,它最初多用于耳饰、佩饰等。安史叛军占领长安城后,杜甫所见路隅悲泣的王公子孙,依然是"腰下宝玦青珊瑚"[1];宋代词人周密写仙女许飞琼则是:

---

[1] 出自杜甫的《哀王孙》。

"朱钿宝玦。天上飞琼，比人间春别。"[1] 足可见，古时贵族阶层、大户人家，无论男女，都常将玉玦作为精致的饰物。

◎ 玦 隶书

◎ 玦 楷书

玦的隐喻作用

玦同样也是一种重要的瑞玉，带有特定的隐喻功用。《荀子》中有："绝人以玦，反绝以环。"意思是，当君王赐给被贬谪的臣子一块"玦"时，意味着该臣子返回无望，永不被召回；而如果君王要重新召回被贬谪的臣子，就赐给他一枚"环"。道理是相同的：以"环"来喻指归"还"，用玦来表达"决"绝——仅仅两块一缺之差的无字玉"书"，就决定了多少人一生的悲欢浮沉。

曹丕曾托人向名将钟繇讨来一块很美的玉玦，在他写信答谢时，就说了这么一句话："邺骑既到，宝玦初至，捧匣跪发，五内震骇。绳穷匣开，烂然满目。"[2] 意思是，当送宝的

---

[1] 出自周密的《瑶花慢·朱钿宝玦》。
[2] 出自曹丕的《与钟大理书》。

骑兵到来，他因知是块华美玉玦而惊骇，跪捧着打开宝盒，几乎是五内震颤。华美的玉玦，在盒开的一瞬灿烂夺目。为何因玉玦而"震骇"？正是由于有信使带玉玦而来，对臣子而言即是遭君主贬谪永不召回的标志。但曹丕当然知道这是钟繇送的礼物，只不过是借这种夸张的表述来表达对此物的惊喜。

当玉文化从帝王将相走向寻常百姓，玦与环一样，这种象征聚散离合的功用仍然没有消失，它那圆中带缺的样子，时常勾起人们的联想。田锡《结交篇》中就有："意断如玦离，情忘若弦绝。"说人与人之间的情意如果不在了，就像玉玦的缺裂，像琴弦的断绝。由于环的圆满与玦的断缺，恰好构成了鲜明的对比，所以诗人时常连用两者来表达情思。比如在清代词人纳兰性德眼中，玦所代表的离散与环所代表的团圆，就总在明月身上反复上演："辛苦最怜天上月，一昔如环，昔昔都成玦。"[1]圆月如环只一日，缺月如玦夜夜明。

除了以"玦"来表示情意之决绝以外，古人还常常以"玦"来隐喻处事决断。《庄子·田子方》中有："缓佩玦者，事至而断。"这是说，身上佩戴玉玦的，代表这是个遇事有决断，不会犹犹豫豫、拖泥带水的人。《左传·闵公二年》中记载，狄人征伐卫国时，卫懿公就给了石祁子一块玉玦，这就是要他在守城之战中担起"决断"之责。

---

[1] 出自纳兰性德的《蝶恋花·辛苦最怜天上月》。

更为突出的例证则见于《史记·项羽本纪》，太史公在描述那场扣人心弦的鸿门宴时，有这样几句话就提到了玉玦："范增数目项王，举所佩玉玦以示之者三，项王默然不应。"这是说，亚父范增频频给项羽使眼色，并多次举起所佩之玉玦示意其赶快决断，对刘邦下手，但项羽一直沉默着犹豫不决。作为一种古时较为通用的"暗语"，项羽自然能领会范增用"玦"来传递的含义，但他在关键时刻并未当断则断，如果这一"玦"的暗示起了作用，历史的走向就将大为不同了。

玉之表礼，凿为玦形以成宁缺毋盈之象。老子曰："大成若缺。"又云："保此道者不欲盈。夫唯不盈，故能蔽而新成。"君子自亏其盈，用谦如玦。

丝

宇宙是一架织机

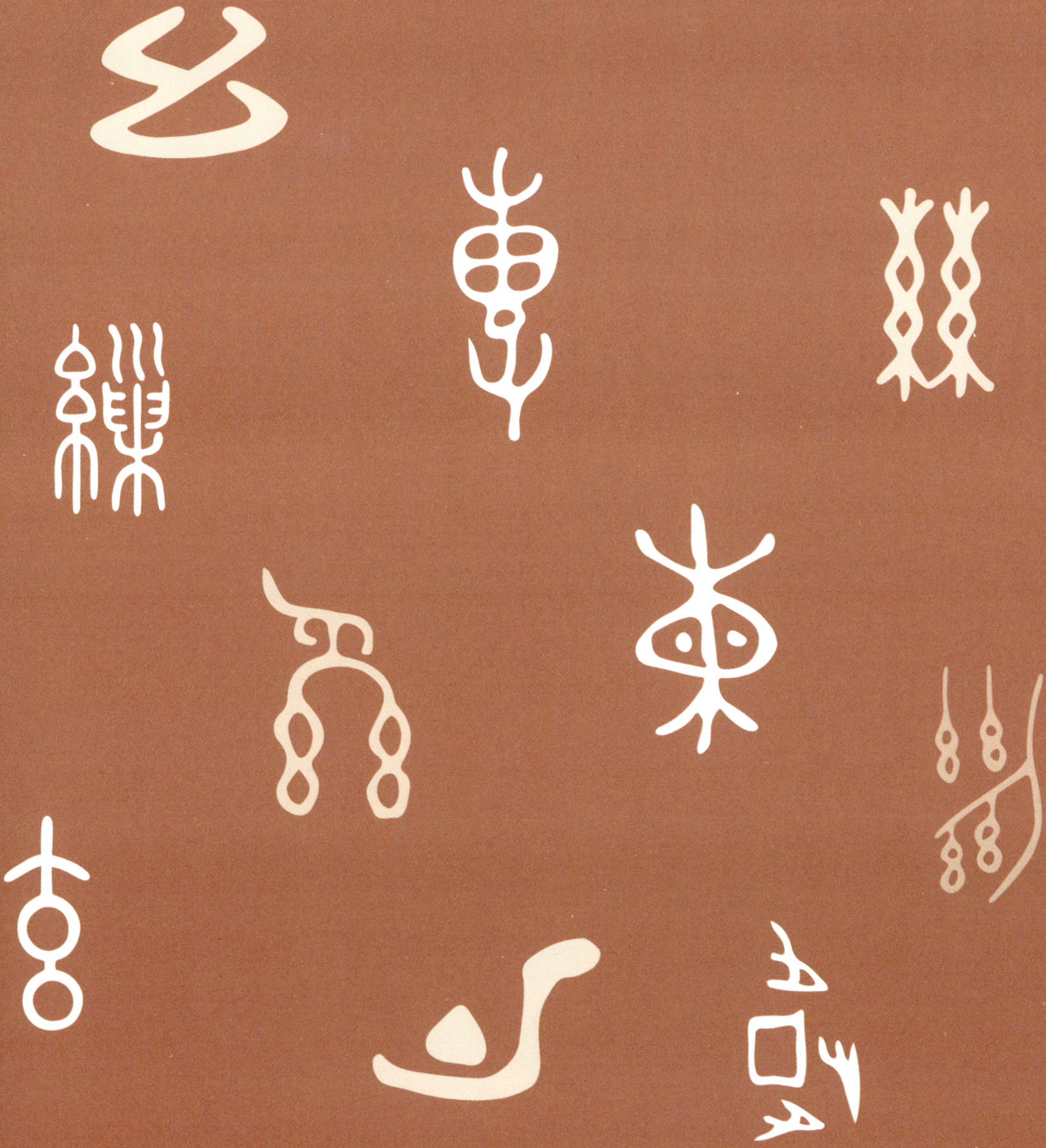

"丝"字言"法"

　　玉石有其深意，丝，也自有它的不凡。丝线轻柔纤细，何故能长久牵连世界？殊不知古人眼中的宇宙，正是一架巨大的织机。它架起横竖织线，将一天的星星，地上的山河万物，都编进了一张网中。这张视之不见的网，应名为"法"。什么是法呢？它是一种隐藏在事物背后的秩序，是太阳日日东升西落、河流日日奔赴江海的原因，是草木永远春生夏长、人也永远岁岁长大直到老去的规则。这等"莫名其妙"的存在，古人已轻轻写进了"丝"字之中。

丝

若说起万物之间的关联,人们总会想到一个词——『千丝万缕』。这种理解有其古老的渊源,古人借丝为象,以喻世间法序。大至星辰旋动,小至纤末浮沉,皆在此法序框架之内,精密地发生、运行。丝既是中国人独特的文明载体,更是其参悟天地万物的介质。

从前大概谁也不曾想到，会有一条虫子，被人们千秋万代地珍爱着。数千年来，人们精心地饲养它、照料它，采摘最好的桑叶做它的食材，充满耐心地等待它交出千万条珍贵的茧丝。华夏先祖把这种对世界无害又对人大有恩惠的虫子，命名为"蚕"，这个最终确定下来的简体字形，定格了古人对它的珍视——天赐之虫。"乡村四月闲人少，才了蚕桑又插田。"[1] "妇姑相唤浴蚕去，闲着中庭栀子花。"[2] 中国最美的田园风情，也往往与它相关。

一条蚕会结出一粒蚕茧，从这粒蚕茧上拆出来的蚕丝，平均可达上千米之长。丝的作用之大，更是难以描述，如今人们的穿戴用度，随处可见的很多东西都与丝有关。古人首先发明并普遍生产、使用丝绸，他们制作的丝绸制品，还开启了人类历史上第一次东西方大规模的商贸交流，史称"丝绸之路"。丝，是中国智慧杰出的载体之一。

"丝"的含义

"丝"字的甲骨文、金文，都有许多不同写法，不过无论哪种写法，字形都明显像是两束丝线缠结的样子。它们之间的区别仅仅是：有的上面画出了缠结的头绪，有的下面画

---

[1] 出自翁卷的《乡村四月》。
[2] 出自王建的《雨过山村》。

出了缠结的余丝,有的上下都有,有的则上下都不画。到了篆文时期,结构定形为只画出两束丝及其下部的余丝。在这个字的草书写法中,表示余丝部分的笔画,又逐渐被写为一画,这就是简体字"丝"下面最终演变为一横的依据。

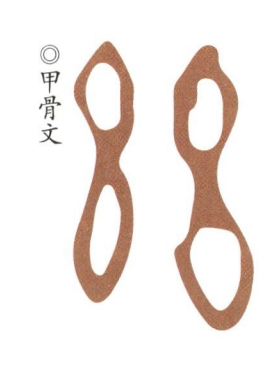

◎甲骨文

丝
◎草书

◎甲骨文

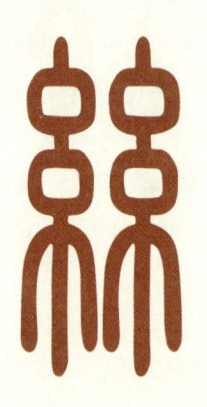

"丝"的本义即蚕丝。李商隐有："春蚕到死丝方尽，蜡炬成灰泪始干。"除了表示蚕丝以及丝织物，"丝"也被用于描述像丝一样轻细的事物，比如发丝、藕丝、丝柳、朱丝栏[1]等。在如"丝毫""一丝不苟""纹丝不动"等词语中，"丝"

◎小篆

◎隶书

◎隶书

则表示极少或者极小的量。值得一提的是，由于琴、瑟一类的乐器其弦纤细如丝，古人就干脆以"丝"来代指弦乐器。王羲之《兰亭集序》中有："虽无丝竹管弦之盛，一觞一咏，亦足以畅叙幽情。"这是说，友人们聚坐于青山秀水之间，虽然没有演奏音乐的盛况，但一口酒、一句诗，也足够倾

---

[1] 古时候，人们会在绢纸上织出或画出细细的界栏，以帮助人们书写整齐，红色的叫作"朱丝栏"，黑色的叫作"乌丝栏"。

吐心声了。此句中的"丝竹"指弦乐器和管乐器，都属"八音"[1]之一。

"丝"与"幺""糸"

还有一束比"丝"更简易的小丝，是"幺"。"幺"的甲骨文，很像数学上表示"无穷大"的符号"∞"，以及著名的"莫比乌斯带"[2]。这把小丝，已是能够表达丝之义的最小单元，因此古人用"幺"字来表示小、细微的含义。直到今天，四川一带的方言中，还将同辈人中排行最末、年龄最小的那个称为幺，比如"幺妹""幺叔"。琵琶弦中最细的第四根末弦，自古便称为"幺弦"，苏轼有"切切幺弦细欲无"[3]的诗句。色子和骨牌中

◎幺 甲骨文

◎幺 小篆

◎幺 金文

---

[1] 古时候，"金、石、丝、竹、匏、土、革、木"这八种材料制作的乐器，合称"八音"。

[2] 莫比乌斯带，即把一根普通的、拥有正反面的纸条扭转180°，两头再粘接起来做成纸带圈后，人们发现它奇迹般地只剩下一个面。

[3] 出自苏轼的《次韵景文山堂听筝三首》。

◎糸 甲骨文

的一点，旧时也习惯称为"幺"，这也是如今我们念电话或者门牌号里的数字"1"时还会念作"yāo"的原因。"幺"作为部件，构成合体字时也有"小"的含义，比如"幼"与"幽"[1]，前者表示小儿，后者表示火光细小，后引申出幽暗、隐蔽等含义。

◎糸 甲骨文

◎幺 隶书

如果在"幺"下面增加缠结的余丝，就成了"糸"。"糸"作为独立字很少见，但却作为部件构成了众多与丝有关的字。它出现在字的下部，构成了诸如"索""素""絮""繁"等字；而出现在字的一侧，尤其是左侧，则更为常见，被人们称作绞丝旁

---

[1] "幽"字形中的"山"，实际上是由甲骨文的"火"变形而来。

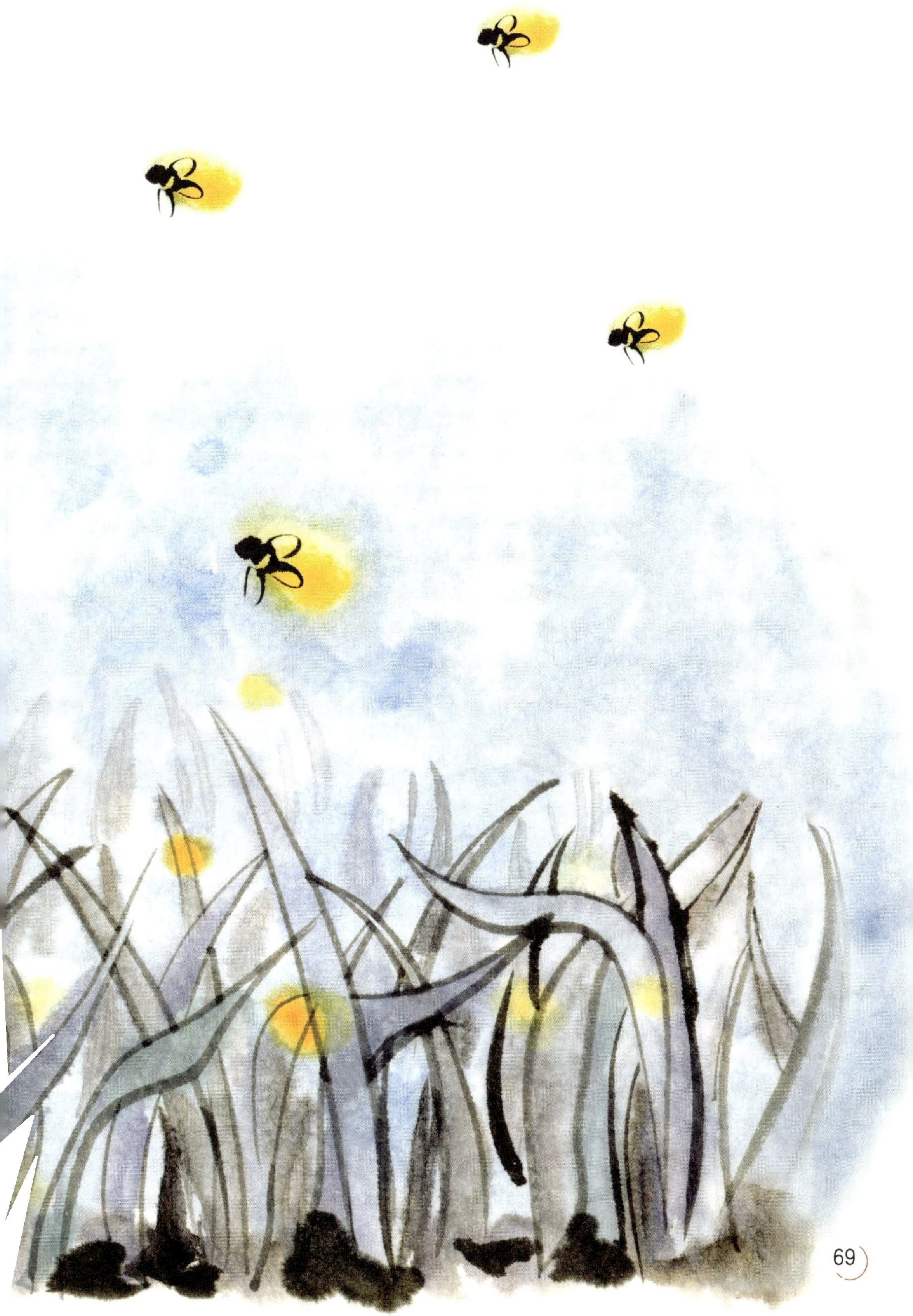

的"纟",就是由"糸"演变而来,以它为偏旁的字数不胜数,纺、织、缝、纫、纱、线……它们共同诠释着丝的伟大,以及中国人的千古丝缘。

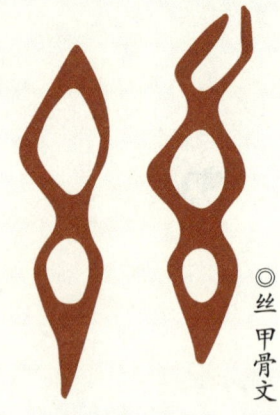

◎ 丝 甲骨文

◎ 丝 楷书

◎ 丝 金文

如果从思想探索的角度来观照"丝",其实它大有超越物质文明层面的更为深刻的意义。古人通过漫长的躬身劳作与探寻,慢慢发现治丝之事与世界内在法则之间,存在着某种联系——治丝之事逐渐成为"法序"的修辞喻象,也成为人提升知见的"乘木舟虚"[1]。实践之中,人们借丝明义,并逐步建立起一套仰之弥高的法序观念,而这一过程,就铭刻于一系列与"丝"有关的汉字之中。

---

[1] 出自《周易》:"'利涉大川',乘木舟虚也。"

玄

人们将此后一切从治丝之事中得来的启示之总和——难以言传的所思、莫名其妙的震撼、朦胧不明的领悟,都记载于一个构形简单的字中,它就是『玄』。

"玄"的本义

"玄"的金文，像是一束悬垂的丝形。在给丝染色之前，人们会把丝扎成一束一束的，悬挂起来晾晒。"玄"的小篆字形更易看出这是一束悬挂着的丝，上边是悬挂之处，下边是丝束。直至今日，我们所用的楷书"玄"字，下部的"幺"和上部一点、一横的构形，仍能让人联想起丝束和悬挂它的架子。

◎小篆

"玄"的本义即悬丝，随即字义扩展为悬空、悬挂，是"悬"的古字。《山海经》《水经注》等古籍中记载了一个叫"玄圃"的地方，"玄圃"，即高悬于山顶的林园，传说是位于昆仑山顶的一处仙居，乃黄帝下都[1]，中有金台、

---

[1] 下都，即陪都，于京都之外，择地别建的另一都城。

玉楼，四季凉风惬意，无数奇石美玉。因此有成语"玄圃积玉"，用来比喻精华荟萃。杜甫有诗云："阆风玄圃与蓬壶，中有高堂天下无。"[1] 这是赞美夔州之地钟灵毓秀，可与玄圃这样的仙境相媲美。

玄 ◎楷书

玄 ◎隶书

"玄"与"玄妙"

因为悬垂之物总是在上方、在高处，下不着地，动荡不定，难以企及、捉摸和把握，所以"玄"引申出"玄妙"之义。

《道德经》中将"无名""有名"两个哲学概念，同以"玄"字来称谓，并评价其为："玄之又玄，众妙之门。"字面意思可解为：这"无名"和"有名"，不是一般的玄妙、深奥，而是比玄妙还玄妙、比深奥还深奥，一切不可言说的妙法妙用，都经由这门径而来。换句话说，这是圣哲以"玄"字的悬丝之形为象，来喻指一种无形法则的存在：悬于上而通于天，垂于下而示于地，从冥冥虚空中来，又不会着落于定处的，就是"玄"。所谓"玄机""玄关""玄术""玄策""玄寂"等，都

---

[1] 出自杜甫的《夔州歌十绝句·其十》。

出于此，都在言说难以捉摸的高深之事，尤指那些超越了凡人见识和智慧的存在。此外，空间上的深厚，以及时间上的久远，也称为"玄"，比如"玄渊"即深渊，"玄古"即远古。

至此，悬丝从一种极简的"象"，转而变为一种更深的"义"。

"玄"与"天"

世间玄妙幽深之存在的总和，在古人眼中就是天。天是最高远、最空虚、最幽深，最难以企及、捉摸、把握的事物，因此"玄"可以指天。古时礼祭上天的官称为"玄官"，上天的赏赐称为"玄贶"，神所居住的地方称为"玄都"。

由于北极星位于天轴之北，人从地上望之仿佛万古不动，众星皆绕其旋转，似有天帝之威，故又名其为"帝星"。天帝既然在北，"玄"可指天，便也能指北。比如中国古代"天之四灵"中的"玄武"，就是指北方之神，对应二十八星宿中的北方七宿。"玄方""玄朔"都是指北方；"玄海"，即北方之海；"玄天"，即北方的天。《山海经》中的神鸟"玄鸟"，正是因其来自于北海的幽都之山。与其同出的

◎ 隶书

◎ 楷书

还有玄蛇、玄豹、玄虎、玄狐蓬尾，其名中的"玄"字，都是"北"的意思。

"玄"与"天色"

古人认为，天的本色，是日已落而月未出时的颜色，就是黑中透红的状态，因此"玄"又引申指红黑色，《诗经》中形容染丝的"载玄载黄"，就是这种用法。

刘禹锡有诗云："昔看黄菊与君别，今听玄蝉我却回。"诗人用拟人的手法借秋风之口说：去年秋去冬来，我与你赏菊而别；如今暑尽秋至，我又带着蝉鸣归来与你重逢。"玄蝉"，就是黑褐色的蝉，指秋蝉。

"玄"后来也常被直接用来指黑色。比如"玄猿"即黑色的猿，"玄芝"即黑色的灵芝，"玄鬓"即黑色的鬓发。

"玄"与"系"

◎系 甲骨文

与"玄"字表意相关的，还有一个"系"字。"系"的本义即丝的连接，引申为事物之间可见或无形的普遍联系。山水相连，星辰阵列，因有"山系""水系""星系"；祖孙衔续、薪

◎ 玄 金文

◎ 系 金文

火相传，因有"世系""谱系""统系"。仿佛万物都被无形之手所牵连拴系，又以抽象的丝绳编织成网，令彼此遐迩相关、难分难解——这种复杂而无限联系的现象，是大道法则的一种映现。

将"玄"与"系"放置于一处来看，"玄"是喻指上达于虚空的法，是不着一处、深奥不分明的法；而"系"是喻指下陈于世间的法，是有迹可循、可感知把握的法——两字相互映照，从一上一下两个层面，来言说这种神秘的存在。此后，人们既搁置不了对"玄"空的思索，又脱离不了对"系"着的感知，萦萦绕绕之间，注定有一场浩荡的求索之旅等待着人们代代奔赴。

系马垂杨下，衔杯大道间。

缫

丝是如何从一粒粒蚕茧中抽绎得来的呢？这个过程，古人称之为『缫』丝，这是治丝的开端。在中国古代传说中，开创『养蚕缫丝』的是轩辕黄帝的元妃——嫘祖。由于其万世开创之功，后人尊她为『先蚕』。

"缫"的本义

"缫"字始见于篆文,字形始终由"糸"与"巢"两部分构成。以"糸"为部首的字,大多表示这个字与治丝之事有关;而这里的"巢",一方面表示这个字的读音,另一方面,它以一种比喻的作用来表意。

"巢"的本义,就是树上的鸟窝。鸟窝是鸟儿用各种树枝、草、叶等编织而成,与蚕茧由蚕丝缠绕而成有结构上的相似。蚕吐丝做茧以后变成蛹,化作蚕蛾之后会破

◎缫 小篆

◎巢 小篆

◎糸 小篆

◎缫 楷书

茧而出,正如雏鸟长大以后会从鸟窝中飞出一样。所有抽引而出的丝线,都起源于这个鸟巢一般的蚕茧,因此"糸"与"巢"组合一处,会意分解蚕茧、抽引蚕丝。

一个浑圆的蚕茧，剥掉外层毛茸茸的茧衣后，里面的茧壳，是蚕儿连续吐出的丝所缠绕而成。要从这茧壳的千丝万缕中找出一个头，然后顺着它抽出丝来，这并非易事。但早在上古时代，华夏祖先便发现经水浸泡的野蚕茧，用手指或树枝一搅拨就会抽拉出丝来，一根亮而细的蚕丝，且可以牵引至很长很长，连续不断。这一发现长期领先于世界。

涫汤缫丝

后来，我们的先民又认识到，只要将蚕茧放在水里煮一煮，茧壳就会变得松软，丝也更易于抽引而出——蚕茧

◎缫 隶书

◎缫 楷书

就像一个天赐的"谜团"，而沸水正是这"谜团"的最好解法。这就是《春秋繁露·实性》中所讲述的："茧待缫，以涫汤而后成丝。"这句话可概括为"涫汤缫丝"四字，就是

将蚕茧浸在盆中沸水里抽引蚕丝。隋唐时期，人们又发明了缫车，到了宋代，缫车进一步完善，出现了脚踏缫车，人们缫丝时，就可以腾出两只手来进行索绪、添茧等操作，效率大大提高。这样缫出的丝绞经过络丝、并丝和加捻等工序，便可制成织造所用的经、纬丝线，至此丝即将派上大用场。

沸水煮茧缫丝的原理是什么呢？原来，蚕丝的主要成分是丝素和丝胶，前者是近于透明的丝纤维，也即蚕丝的主体，需要保留；后者则是包裹在丝素外表的黏性物质，需要除去。丝素不溶于水，而丝胶易溶于水，且随温度升高会溶解得更容易。当人们充分了解了这些，煮茧缫丝的工艺就出现了。人们选茧、剥茧、沸水煮茧，然后抽引蚕丝。

女子心灵手巧，古时缫丝一事多由女子操持。农家女子勤劳缫丝的场景，在诗人们的笔下定格成一个个充满农桑气息和婉转之美的画面，格外动人。陆游有诗云："一双素手无人识，空村相唤看缫丝。"

更具代表性的是赵孟頫为《耕织图》题写的一组诗，共二十四首，耕、织主题各占十二首，皆是每月一首。其中一首中详细描写了农家女子缫丝的过程：

釜下烧桑柴，取茧投釜中。纤纤女儿手，抽丝疾如风。
田家五六月，绿树阴相蒙。但闻缫车响，远接村西东。

这是说，农人架锅烧柴，准备沸水煮茧。女儿家玉手纤细，抽起丝来轻捷如风。五六月间，盛夏的树荫连绵成片，而缫车转动的鸣响，声声响彻整个村庄。

赵孟頫诗中这缫车的鸣响，在过去是典型的农家声音，时候一到便如约奏起，如同夏日的蝉鸣和秋日的虫声。无论是项斯的"缫丝声隔竹篱闻"[1]，还是苏轼的"村南村北响缫车"[2]，都会勾起人们对那些朴素时代的美好想象。

缫丝，是将蚕吐出的一部部"天书"谜团，条分缕析、层层解绎的过程。《道德经》中有："挫其锐，解其纷，和其光，同其尘。"蚕茧象征此纷扰迷乱之态，"缫"即象征此剖析解纷之举。

---

[1] 出自项斯的《山行》。
[2] 出自苏轼的《浣溪沙·簌簌衣巾落枣花》。

绪

在缫丝过程中，要做索绪、理绪、添绪、集绪等工作。可见，『绪』是缫丝工艺中最重要的关键词。什么是『绪』？这要从嫘祖缫丝养蚕传说中的一根细棍说起。

有一天，嫘祖的侍女们偶然在一片桑树林中，发现满树的白色小果，她们将其采回，本想拿给因疲劳卧病在床的嫘祖来吃，却发现它既没有什么味道，又坚韧得难以咬动，因此人们想用水煮它看看。煮的时候，有侍女以细棍搅动这些"白果"，当把细棍抽出时，却发现上面缠绕着许多像头发一样的细丝，它们与水中的一粒粒"白果"相连。这一意外的发现，就是后世缫丝过程中的"索绪"工序。

"绪"的本义

　　"绪"字的本义，就与上述的这个场景有关。"绪"字最初见于战国文字，一直到如今所用的楷书，字形都是由"糸"与"者"两部分组成。要弄清"绪"的含义，需要先弄清"者"字的来龙去脉。

　　"者"字的金文字形上方是一根直棍的造型，周遭有交杂的线条和零散的点，下方则是一个似口非口的图案。这个字形自古以来引发了许许多多的猜想，其实它所讲述的，大致可以理解为缫丝过程中的一个典型场

◎者 金文

◎绪 战国文字

景：下面架起了一口煮蚕茧的大锅，锅里的蚕茧经水煮而开始松散开来，出现了错杂的蚕丝线条；而一根木棍正在挑起一个个丝头，将蚕丝挑离锅中，带起许多水滴——这正是"索绪"的操作。因此，"者"字本身就描述了煮丝、索绪这两种工序结合在一起的事。

◎者 甲骨文

◎者 小篆

后来，人们就在"者"字基础上增添部件造字，来分指索绪过程中的不同工序或工具：给"者"字加上"火"字底而成为"煮"，它最初说的是煮丝，后来指煮任何东西；加"竹"字头而成"箸"，表示竹制的挑丝签棍，随后引申为我们每日必用的筷子；加上"糹"字旁而成"绪"，表示蚕茧经水煮而松散开来时，水面浮现而出的丝头。

《天工开物》中有："凡茧滚沸时，以竹签拨动水面，丝绪自见。"这说的就是煮丝索绪的过程，其中的"绪"用的就是其本义。

"绪"的引申义

由"丝头"的本义引申开来,"绪"可以表示广泛意义上的开端、开头,构词如"端绪""头绪"等。"千头万绪",就是形容事务复杂纷乱,不易弄清头绪或不知从何开始;"一切就绪",就是全部事情都理出端头、安排妥当了。

从一整根丝来看,丝头并非独立存在的,有丝头,就必然有后续的丝,"绪"又引申为起了头的、发而未尽的。《庄子·渔父》中,写孔子追上渔父恭敬地说"曩者先生有绪言而去",意思是老先生您刚才话没有说完就走了。这里的

◎小篆

◎楷书

◎隶书

"绪言",就是指"话茬",起了头没讲完的话、发而未尽的话。在书籍或论文开头处说明内容主旨的文字,叫作"绪言""绪论"或"绪章",它们之所以称"绪",就因它们都是起个头、作个引子,引出后面的正文;"绪业",是先人开启而未竟的、留待后人去完成的事业;"绪风",是往昔开启而遗留下来的风尚。

"绪"字后来用得更多的，还是指人的情思，构词如"情绪""思绪""心绪""愁绪"等。这是把人的内心比作蚕茧，某种情思一旦被牵动，就如蚕茧被索出了头绪。白居易《禁中夜作书与元九》中有："心绪万端书两纸，欲封重读意迟迟。五声宫漏初鸣后，一点窗灯欲灭时。"这是说，诗人在写信时思绪万千，不知从何说起，好不容易写完要封信了，又迟疑着回来再读一遍，怕还遗漏些什么。就这样，他一直写到五声宫漏响过，烛灯欲灭，晓色将临。这封信是白居易写给好友元稹的，此时元稹遭受迫害被贬谪。这彻夜无眠的迟疑，源于对好友的担忧与同情，对官场黑暗的愤慨与失望，对自己无能无为的自责与愧疚——理清这万端心绪，更比缫丝艰难。

"者"之深义

　　"者"是一个值得反复玩味、琢磨的字，作为"绪"的字源，它不仅是缫丝过程中一个重要的步骤，也记录了人们对世间秩序最初的领悟。"者"字最初所表示的煮丝与索绪，是一个何种性质的过程呢？是从茧丝紧抱一团的纷杂无序，到即将有序展开的过程。比之于事理，就是人们从对万事万物不明所以的懵懂，到对事物原理、法则逐渐知晓的过程。换言之，经由"者"，人们开始拆解谜团，将事物从混沌、迷乱中一一区别开来，因此，"者"字后来被用作判别事物的助词，许慎称之为"别事词"，今者昔者，前者后者，老者少者，智者仁者……无事无物不可以"者"。万事万物都有了"者"的区别，有别则有彼此、有位次，则有当与不当、为与不为，则有能容与不能容，则有了秩序、有了"法"。

这样，"者"就成为知法、依法、敬法、用法的开端。正如茧无绪而丝不可用，无法无序则万事无成——这是汉字中甚为深刻的法序观和宇宙观。

经由"者"的区别，有了"绪"的开端，治丝之事，至此开始有了章法可依。君子修身养性，也有端绪可寻。孟子曰："恻隐之心，仁之端也；羞恶之心，义之端也；辞让之心，礼之端也；是非之心，智之端也。"

◎ 者 隶书

◎ 者 楷书

纪

蚕茧煮出丝头后，要缘着这些丝头将散丝一一挑起并区别开来。与此过程对应的字，就是『纪』。

"纪"的本义

◎纪 战国文字

"纪"是由"糸""己"两部分构成。"己"的甲骨文字形，就是横纵分明的几根线条，这些线条不是别的，正是表示已经分别开来的散丝——即在索绪时，把已经找出端绪的散丝，一根根梳理清楚，使之条理分明。这个字后来引申为自己之义，就是像将散丝根根分别一样，把本人与别人区别开来。因此，"己"为"纪"的本字，后增"糸"部强调治丝之事，"纪"的本义即已经厘清区分开来的散丝。

◎系 金文

◎己 甲骨文

◎己 金文

《墨子·尚同上》中有："古者圣王为五刑，请以治其民。譬若丝缕之有纪，罔罟之有纲，所以连收天下之百姓，不尚同其上者也。"这是说，上古时的圣王以刑法治理人民，就好像散丝已根根区分开来，网也有了张收网眼的总绳。散丝一分明，

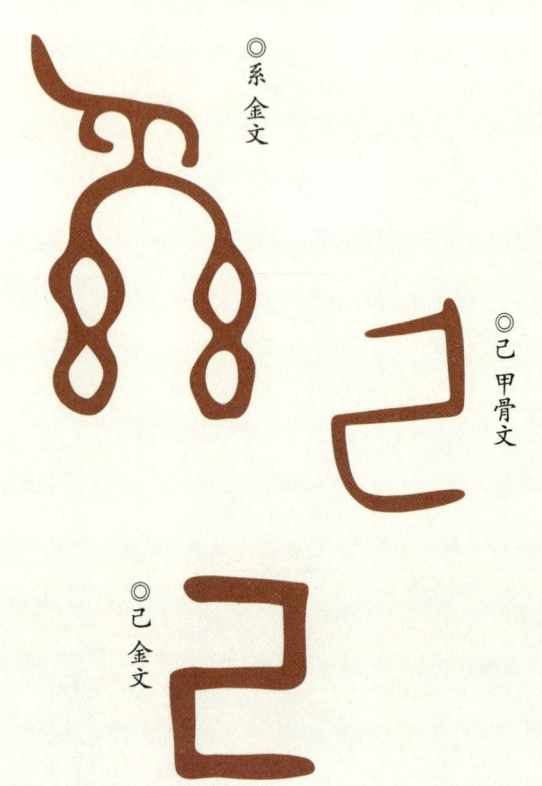

就可以将其厘清而合成股；网有了提挈的总绳，所有网眼都随时可以被牵引收紧。这就好像社会有了明确合理的法则，就能借以约束那些与邦国之志不一致的民众。

"纪"的引申义

由于只有理清了"纪"，蚕丝才是分明的、有序的，这对于治丝之事而言至关重要，所以"纪"就引申出要领、法则、纲领等含义。《韩非子·主道》中有："道者，万物之始，是非之纪也。"《吕氏春秋》中有："义也者，万事之纪也。"《荀子·乐论》中也有："故乐者，天下之大齐也，中和之纪也，人情之所必不免也。"在这几句贤哲之言中，"纪"的含义是相当的。"道"为是非对错的准则，"义"是总领万事的纲纪，"乐"是中和人心的要领。至于"法纪""军纪""纪律"等词，也是从这项含义中生发而来。

如果将"纪"用作动词，就是使某事物切中要领、符合准则，换言之就是"治理"或者"管理"。《诗经·大雅·棫朴》中有："勉勉我王，纲纪四方。"这是颂扬周王勤勉地治理邦国天下；陶渊明有诗云："衣食当须纪，力耕

◎纪 小篆

不吾欺。"[1] 意思是，衣食起居应当用心料理，亲身耕作必定不会枉费力气——自食其力，朴素生活，这是诗人发现的田园天然之乐。

又由于"纪"最突出的特征是分明、有序，因此"纪"又引申为将某些事物"分明记录""记载清楚"。所谓"纪念""纪年""纪元""纪要"等，皆是如此。《左传·桓公二年》中讲，君王对作为人立身行事准则的"德"，应当"文物以纪之，声明以发之"，即明确以礼乐、典章制度的形式来记录和发布出去。这就是"文物昭德"的美学观点，认为宫室建筑、冠带革履、服饰文章、车饰旌旗等外物，都能够用以昭明善德。

"纪"与"记"之辨

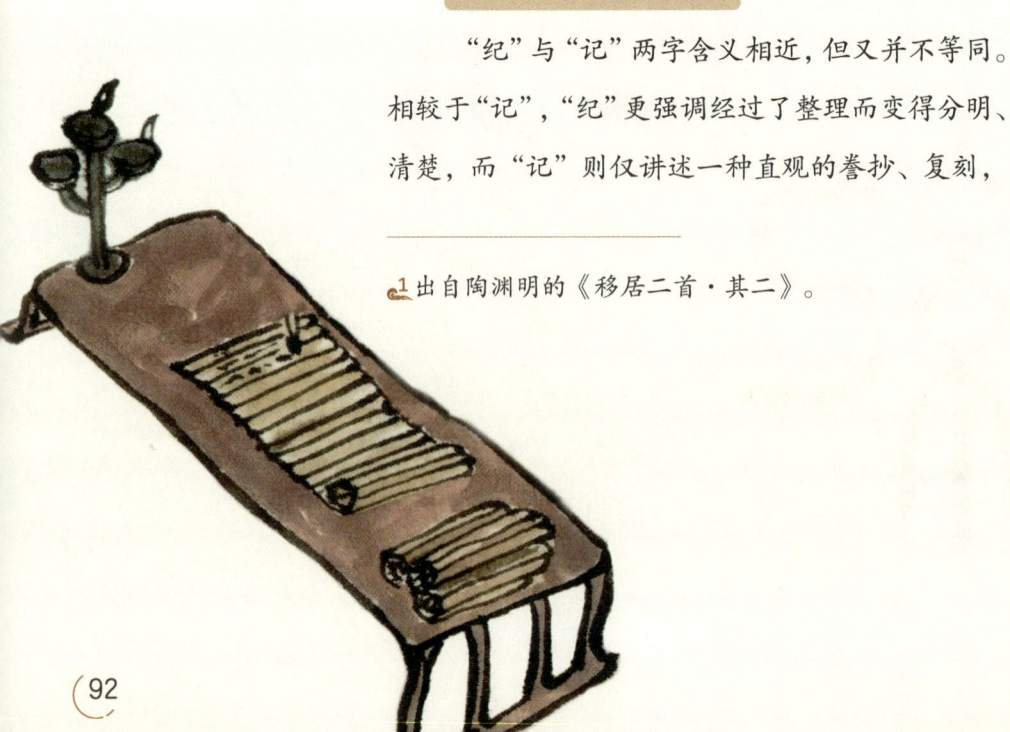

"纪"与"记"两字含义相近，但又并不等同。相较于"记"，"纪"更强调经过了整理而变得分明、清楚，而"记"则仅讲述一种直观的誊抄、复刻，

---

[1] 出自陶渊明的《移居二首·其二》。

不着意于梳理和分别。比如"纪要"是经过梳理、条理分明的要点，而"记忆"是对过去之事的自然映射和印象留存；"记录"不强调人为整理，但"纪录片"总是精心梳理制作而成；"本纪"[1]是一种按年月有序编排重要史实的史书体裁，"杂记"则是随意记载风景、琐事、感想等的一种文体。

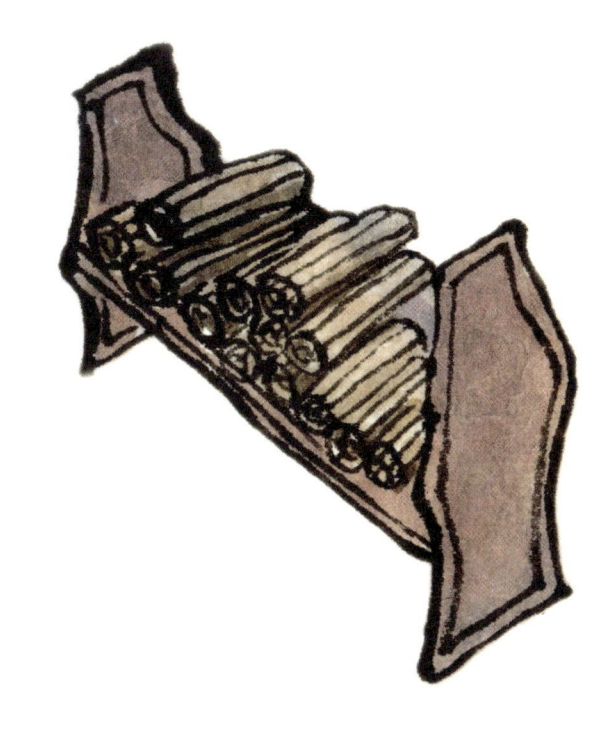

此外，古人将岁、月、日、星辰、历数，这五种计算天象、时令的事物，总称为"五纪"；又因为岁星约每十二年运行一周天，以此来标识年岁格外分明，因此又将十二年称为"一纪"。《尚书·毕命》中的"既历三纪，世变风移"，《国语》中的"蓄力一纪，可以远矣"，其中的"纪"都指十二年。柳宗元有诗云："投荒垂一纪，新诏下荆扉。"这是说，被贬谪了将近十二年，终于等到返还京师的诏令。

不过，在用以标示时间时，"纪"在不同情境中还可以指一世，甚至更大尺度的时间单位。至于现代，人们寻

---

[1] 司马迁将对帝王之事的记载特称为"本纪"，如《五帝本纪》《高祖本纪》等，至此"本纪"成为一种特定的史书体裁。

常使用的则是"世纪"的概念，这个词古已有之，而如今又有狭义与广义两种用法，狭义上是指一百年，广义上则与"时代"同义。由最初从蚕茧上一根根区别开来的散丝，到后来用以标示时间，"纪"字所指跨度如此之大，含义线索却丝毫未乱。

◎隶书

◎隶书

◎楷书

◎楷书

治丝之事由"绪"至"纪"，是辨析分别之举，才有纷纷头绪，便得丝丝分明，使条理初现。《黄帝四经》中有："执道循理，必从本始，顺为经纪。"

统

在『绪』与『纪』对茧丝的拆解、区分工作之后，紧接着还要有『统』的整合工作。

将三者放在一起来比较：丝的端头，叫作"绪"；找到丝头，区分蚕丝，叫作"纪"；将众多找到了端头、条理分明的丝合为一股，叫作"统"——"绪""纪"言说的是"分"，"统"言说的是"合"。这就是《说文解字注》中讲的："别丝者，一丝必有其首，别之是为纪。众丝皆得其首，是为统。"

"统"的本义

"统"是由"糸"与"充"组合成字，要知晓其本义，关键在于弄清楚"充"字所言何事。这向来是一个难解之谜，因为至今为止，尚未有哪个甲骨文或金文字形，被确认为是"充"的字源，因此从《说文解字》开始，人们只能针对它的篆文来加以观察、想象和解析，而得出的结论又很不一致。

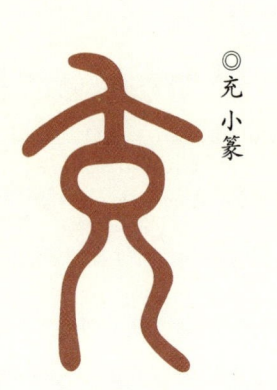

◎统 小篆

◎统 隶书

◎充 小篆

其实，"充"本身就在言说与缫丝有关的事：它的篆文，上面的部分就是一个横杆上吊置着一个圆环，而圆环下部的两笔，则是多根蚕丝的简省表达。这个圆环，正是缫丝机上用来集绪的孔眼，多根索绪出来的蚕丝要共同穿过它，集合成丝条。这个孔今天被称为"瓷眼"或者"集绪器"，它的作用很大，可以将数根蚕丝集合成丝条并减少其水分，去除丝条上的疙瘩，以及固定丝鞘的位置。

在秦观《蚕书》所记载的缫车的结构中，煮茧锅的上方就装置了一个铜钱，它起什么作用呢？因为铜钱中间有孔眼，正可以作为一个简易集绪器，让茧丝从中穿过，然后合并在一起，这就是"充"的动作。

◎ 充 楷书

◎ 充 隶书

直到现在，我们在谈及"充"的时候，场景往往都与某个孔眼有关。比如"充饥"是要把食物塞进嘴里，人的嘴巴是这里的孔；"充耳不闻"，是堵住耳朵不愿意听，这塞住的是耳朵眼儿；人们给轮胎或气球充气，是要通过一个气孔；甚至我们每天给电子产品充电，依然总有个或方或圆的插孔等着我们——这一切绝对不是巧合，它们在本质上，都与穿丝集绪的动作相仿、相通。

后来，人们在"充"字左侧加上了代表治丝之事的"糸"，就造出了"统"字，它表示将索绪好的散丝，通过瓷眼进行集绪、集合成丝条的程序。《淮南子·泰族训》中有："有其性，无其养，不能遵道。茧之性为丝，然非得工女煮以热汤而抽其统纪。"这是拿缫丝之事来论证教化的意义，意思是，仅仅尊重人的本性，而不加以教养引导是不行的，正如蚕茧虽然其本质是丝，但必须经过女工的煮熬，分出纪，集成统，才能抽丝合股而成其功用。

"统"的引申义

"统"是缫丝过程中的整合环节，经过"统"，原本混杂无端的众丝，就抱合成了一条整体的丝股，其中所有的单丝，都拥有同样的源流和来路，这就好比，很多事物彼此间具有一脉相承的关系。

用丝之"统"来形容这种同源流的事物体系，就有了各种"系统"：儒家传道的系统，称为"道统"；亲族、血缘相继的系统，称为"血统"；君王、帝位沿袭的系统，称为"帝统"。《战国策·秦策》中有："天下继其统，守其业，传之无穷。"这是说，圣明的君王，能够恩泽天下，人民都愿继承他的传统，维护他的业绩，无穷尽地传于后代。

统 ◎统 楷书

　　"统"本身是一个集聚众丝、多丝合一的动作,因此"统"又泛指总括,总领,这就有了"统计""统筹""统治""统一""统帅"等。

　　《列子·天瑞》中有:"昔者圣人因阴阳以统天地。"这是说,古时圣人凭借阴阳两仪的法则来统御天地万物。"统"在此意即总领。《尚书·周官》中有:"冢宰掌邦治,统百官,均四海。"意思是,冢宰这一官职,主管国家的治理,统率百官,调剂四海。"统"在此意即管辖,率领。

《荀子·强国》中有："今君人者，辟称比方则欲自并乎汤、武，若其所以统之，则无以异于桀、纣，而求有汤、武之功名可乎？"这是荀子批评当时那些国君，动不动就要把自己比作商汤、周武这般圣明的君主，但看看他们统治人民的方法，却是与夏桀、商纣这等昏君没有什么两样。不效法汤武的明德，却想要比肩汤武的功名，可能吗？这里的"统"意即统领，治理。

如果将总括、总领的这一义项转为名词来用，"统"则表示起总领作用的纲纪、准则。《荀子·臣道》中有："忠信以为质，端悫以为统，礼义以为文，伦类以为理。"意思是，以忠实守信为根本，以正直诚谨为原则，以礼节道义为规范，以伦理秩序为准绳。

经由"统"的步骤，众多散丝完成了从彼此孤立到有序集合的转变。这又是一个重要的节点：在法序的轨道之上，一个合而分、分而合过程的完结。原本混乱缠结于一粒粒蚕茧上的丝，至此已如百川汇海。古人云："推礼义之统，分是非之分，总天下之要。"[1]

---

[1] 出自《荀子·不苟》。

素

经过缫丝得来的丝,此时尚含有少量的丝胶,富于光泽的丝质被丝胶包覆在内,因此质感稍硬,人们将其称为『生丝』,与脱胶过后的『熟丝』相对。以生丝织成的织物,白净密致,光亮润泽,古人称之为『素』。

"素"的本义

"素"的甲骨文、金文字形，是"系"字在下，表示所言之物与丝有关；一个似花枝般有层次结构的部件在上，表示丝织物的波纹和光泽。富有光泽，是生丝区别于熟丝的显著特征。上下两个部件组合成字，就会意未经加工的生丝织物。

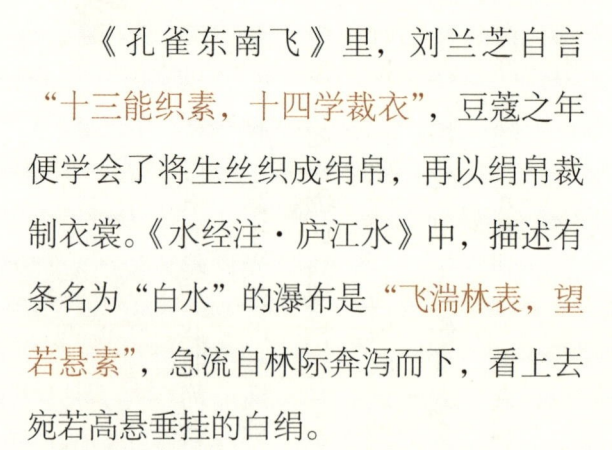

◎甲骨文

◎金文

◎小篆

◎隶书

《孔雀东南飞》里，刘兰芝自言"十三能织素，十四学裁衣"，豆蔻之年便学会了将生丝织成绢帛，再以绢帛裁制衣裳。《水经注·庐江水》中，描述有条名为"白水"的瀑布是"飞湍林表，望若悬素"，急流自林际奔泻而下，看上去宛若高悬垂挂的白绢。

◎楷书

"素"的引申义

古时人们写信写文章,常用长一尺的绢帛,因而称之为"尺素",后来人们便用它作为书信的代称。《踏莎行·郴州旅舍》中有名句:"驿寄梅花,鱼传尺素。"上句化用了"折梅逢驿使,寄与陇头人。江南无所有,聊赠一枝春。"[1] 驿寄梅花,是让还乡的信使捎带梅花作为信物,赠送无言的春意;下句则取义于"客从远方来,遗我双鲤鱼。呼儿烹鲤鱼,中有尺素书。"[2] 鱼传尺素,是用鱼形的函封装书信,写满有情的字句。

生丝织成的绢帛色白而未染,因此"素"便引申指白色的,或者本色无染饰的。《礼记·玉藻》中讲,如果逢着粮食收成不好,"则天子素服,乘素车,食无乐",君王就要率行节俭之事,穿衣要穿白衣,出行要乘无艳丽彩饰的车子,吃饭时也静默不奏声乐——这是以举国之礼,来表达对田粮不足的伤悲,对皇天之怒的敬畏,以期心诚感天。"纤纤出素手"[3],是女子肤色天然、玉手洁白;"红装素裹",是红日白雪交相辉映;"好丹非素",是好红恶白,对事物持有偏见。

---

[1] 出自《赠范晔》。
[2] 出自《饮马长城窟行》。
[3] 出自《古诗十九首·青青河畔草》。

秋天有"素节""素秋"的雅称。这是因为，在四季与五行的对应之中，秋属金，对应五色之中的白；"素"因有白之义，因而秋以"素"称。杜甫有诗云："瞿塘峡口曲江头，万里风烟接素秋。"[1] 此外秋还可名曰"素商"，这是因为在宫、商、角、徵、羽五音之中，商音清净、肃穆，正对应于有清洁、肃降特性的秋。柳永有："渐觉一叶惊秋，残蝉噪晚，素商时序。"

◎小篆

◎隶书

素是生丝织成的绢帛未经加工的本初状态，因而"素"又引申为事物的本质、本性，或者本来的、原有的状态，构词如"素质""素材""朴素"。成语"素面朝天"，原指古时女子不施脂粉而以本来容貌朝见皇帝，如今泛指女子不化妆、不加修饰的自然美。再如《道德经》中的"见素抱朴，少私寡欲"，是说

◎隶书

---

[1] 出自杜甫的《秋兴八首·其六》。

要保持纯洁朴实的本性，减少私欲杂念。至于"元素""因素""要素""像素"等之所以称"素"，也是因其为事物的基本成分。

由本质、本来的含义再引申，"素"还能指"保持本原"的状态，也就是"向来"如何，构词如"素未谋面""素昧平生""威望素著"。从"向来"再引申为"平日"，这就有了"平素""我行我素""安之若素"。成语"素位而行"，指君子安于当下所处之位，做应做之事而不生非分之想。

当某种事物中出现了空缺，如同生丝绢帛纯白而缺乏纹彩一样，也能用"素"来表示。成语"尸位素餐"，是形容人空占着职位，白吃闲饭，"素"在这里可译为"白白地"，这是说，对于那些不作为的人来说，"吃饭"（享受俸禄）这件事，是缺乏依据、缺乏资格的。再如，古代将一些有君王之德但未居君王之位的贤者，称为"素王"，孔子就被后世儒家这样称呼，有诗赞其曰："千年礼乐归东鲁，万古衣冠拜素王。"这里用"素王"是说他缺了其大德应配的王位，有"无冕之王"的意味。又如，陶渊明有著名的"素琴"，是一把缺了弦的有名无实的琴，他不通音律，只是用这把琴来寄托雅趣，却以此成就千

◎楷书

古美谈。缺了官爵封邑但富比封君的人叫"素封",缺乏地位的门第、读书人各称为"素室"和"素士",缺乏荤腥的蔬果餐食称为"素食"。

对比出于缫丝阶段的各字来看,"素"字意味着另外一种思考——对丝之结解、分合等形态以外之事的思考。人们在赞叹丝之光、丝之洁的同时,又想到,这是丝后来才有的还是它原本便有的?这是一种创造和赋予,还是一种唤醒或焕发?生丝之光华,忽而照亮了人们对本色、本质的发觉,对变与不变的观照,对人为与自然的思索。"素"像一面初磨的镜子,朦胧照见了人类远古的初心——对"道法自然"的领悟呼之欲出。

练

缫丝过后得到的生丝,仍会有一部分丝胶和杂质黏附其上,这会使坯绸略显粗糙和僵硬。为了弥补这些缺陷,并为更稳定的染色做准备,这就需要下一道工序对生丝进行处理,描述这件事的字,是『练』。

"练"的本义

◎练 楷书

"练"字楷书字形是"糸"加上一个"柬"。"柬"是在表示囊橐（即一种口袋）的"束"字上，左右添加两个点画；这两个点画最早是一个包含"分别"之义的"八"字，字义为：对被缠束捆缚于一处的事物，或者杂糅混合在一起的成分，进行区分、选择。因此古人说"柬择"就是选择的意思，说"柬拔"就是指选拔。

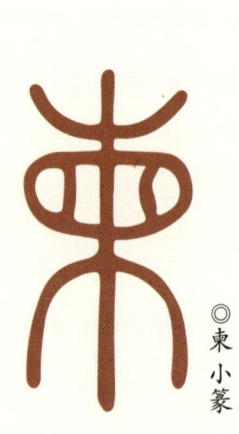

◎柬 楷书

◎柬 金文

◎柬 小篆

这在一系列包含"柬"的合体字中也有所体现。比如"揀（拣）"，是"手"加"柬"，意思是用手择取，即为挑拣；"煉（炼）"，是"火"加"柬"，意思是以火熔冶金石，对其除杂选精，使其更纯洁，即为冶炼；"谏"，是"言"加"柬"，是为纠错而言说事理，即为谏诤；"阑"，是"门"加"柬"，意思是旧时宅院门前用的栅栏，它拦住了不速之客的进出，却又可以保证通风和视野。

以此类推，将"糸"与"柬"两部分组合成字，就表示对生丝进行某种提纯取精的工作。具体来说，是把已抽的蚕丝放进含楝木灰、乌梅汁等的温水或沸水中浸泡，然后在日光下暴晒，晒干后再行浸洗。历经这一过程，"生丝"便成了"熟丝"，它变得更为柔软、洁白和易于染色，还更具有优美的悬垂感。

◎练 战国文字

◎练 隶书

◎练 小篆

《周礼》中有"春暴练，夏纁玄，秋染夏，冬献功"的记载，这是说春季煮晒丝帛，夏季染纁、玄两色，秋季再染五色，冬季则最终呈献染成品。"春暴练"，就是趁着春天阳气上升，将生丝或织品煮熟后加以暴晒，为染色而做准备。制作琴弦需用熟丝，因此古有"朱丝练弦"一词，就指这种用熟丝制的琴弦，后又以其来借指琴瑟。

"练"的引申义

将"练"用作名词，自然就指白色熟绢。相比起生帛，熟绢更为柔软、顺滑和精致。

◎ 隶书

◎ 楷书

◎ 隶书

谢朓有名句："余霞散成绮，澄江静如练。"[1] 苏轼也有词云："渐月华收练，晨霜耿耿；云山摛锦，朝露漙漙。"[2] 这里都以白色熟绢作比，前者形容风静无澜的江面，后者形容淡隐温柔的月光。

"练"有时用作形容词，就指白色的，比如"练巾""练衣"即白色的头巾和布衣。在《淮南子·说林训》中，有这样一段话："杨子见逵路而哭之，为其可以南，可以北；墨子见练丝而泣之，为其可以黄，可以黑。"这是说，杨朱[3]看到四通八达的道路就哭了起来，因为这路既可通南也可

---

[1] 出自谢朓的《晚登三山还望京邑》。

[2] 出自苏轼的《沁园春·孤馆灯青》。

[3] 杨朱，字子居，战国初期著名思想家、哲学家，创建了杨朱学派。

通北；墨子见洁白的丝而掉泪，因为这丝既可染成黄色，也能染成黑色。说来也怪，两位齐名的大思想家，何故为这等司空见惯的事情而伤感垂泪？其实，他们是伤心更远的事情，一个有关于人类选择的命题——人能否主动选择？能否正确选择？能否重新选择？面对歧路，一念之差就可能南辕北辙；白丝未染，一念之间就定了一生的色度。借此两种"象"，杨朱、墨子纷纷窥见某些困境，因此悲从中来。

因为煮丝时要反复进行浸洗操作,所以"练"还引申为反复学习、实践,构词如"练习""训练"。《战国策·楚策》中,苏秦对楚王说只要他答应合纵六国,自己定会让山东各国"练士厉兵,在大王之所用之",就是令各国训练士兵,皆听令于楚王。《后汉书》中有:"养身者以练神为宝,安国者以积贤为道。"意思是,养身重在练精神,治国重在积贤才。无论是哪种训练,反复为之,人就能对一事做到熟悉、通达,这便又有了"熟练""干练""老练"。曹雪芹有名言:"世事洞明皆学问,人情练达即文章。"[1]

此外,"练"字如今还常有诸如"简练""精练""洗练""凝练"等构词,其含义都是近似于简要、精要。究其根源,正是因为煮丝所反复进行的浸洗、分拣工作,本质是一种对生丝取精去杂、变多为少的工作。

"练"字之上,镌刻了人对事物本质更进一步的理解。至此,人们已明白选择与改造的意义,并在法序框架之下,主动对外物施以干预,使其变化并适用于不同的境况之中,告别一成不变、被动接受的局面。此种心智观念的成熟,正以生丝转熟之象为喻。

---

[1] 出自曹雪芹的《红楼梦》。

乱

无论是生丝还是熟丝，都要将其整理有序，才能为纺织绢帛做准备。但这个表示理丝动作的字，却有些让人意外，它竟然是——『乱』。

"乱"的本义

"乱"字的金文字形，像上下两手在整理架子上散乱无序的丝，可以想象，在纺织者耐心整理过后，这些丝会逐渐变得条理有序，便于纺织。战国以后，字形右边又增添了一个"乚"，字形就逐渐定形为"亂"。

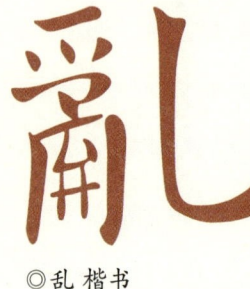

◎乱金文

◎乱小篆

◎乱隶书

◎乱楷书

◎乙甲骨文

后来在字形中增加的这个"乚"字是何用意呢？其实这个"乚"字，古同"乙"。当"乙"作为部件，如果放置于字的一侧，就逐渐被挤压变形书写为"乚"，如乱、孔、乳等字；而如果放置于字的下方，则会延续其本来的造型，比如乞、乭等字。

"乙"的造字本义是什么呢？它最初就是一条优美的曲线，《说文解字》中解释为"象春草木冤曲而出"，意思是，春天草木弯弯曲

曲努力穿破土层，以一种负重向上的态势生长。"乙"字形中的这条曲线，就表达了一种由抑制到伸展、由不通顺到通顺的过程。整理丝线，也是使丝从散乱无序、不通顺的状态，变为条理清晰、畅达通顺的状态，与"乙"有相通之处。因此，"亂"字中后增了"乙"作为部件，是为了对金文字形做出更清晰、准确的说明，更强调了治丝的目的是使其通顺。

◎乙金文

◎乙小篆

◎乙楷书

"乱"的引申义

"乱"由理丝的本义，就引申为治理，尤指治理天下家国。周武王曾自言"予有乱臣十人"[1]，这是说，他有十位能治理天下的臣子，比舜帝还要多一倍。古时将乐章的尾声以及辞赋的篇末结语，也用"乱"来命名，是因它们起了理顺全篇的作用。孔子说的"《关雎》之乱"以及《离骚》中的"乱曰"就是这种用法。

---

[1] 出自《论语·泰伯》。

但这些都未能成为"乱"字含义继承发展的主流。也许是由于古人多问了一句：什么丝是需要理的丝？是不通顺的丝。什么样的事物需要治理呢？是混乱无序的事物。因此，"乱"字又从"治理"引申到它含义的反面：无秩序、无条理、不通顺。"乱"字自此才成为我们熟悉的"混乱""紊乱""凌乱"之"乱"。[1]《论语》中的"危邦不入，乱邦不居"，意即不前往危险之国，不居住于不安之国，此"乱"是社会的动荡、无序；《左传》中的"辙乱旗靡"，意即车辙错杂、旗帜倒下，此

◎隶书

◎楷书

◎隶书

"乱"是军队溃散；李煜的"剪不断，理还乱"，则是心思矛盾、纠缠，犹如丝团，既无法剪断，也整理不清。

继续引申，"乱"也指使混乱、使紊乱。《黄帝四经》中有："当断不断，反受其乱。"人应顺应天时，当机立断，如若不

---

[1] 汉字中这种"正反同辞"的现象并不少见，训诂学中称之为"反训"，就是同一个字词中包含了彼此相反的两种义项，然后在汉字发展过程中，两者"用进废退"，使用渐少的那个义项慢慢地被遗忘或废弃。

然，就会反受祸乱牵连。孔子也曾连用两个动词"乱"来给予世人警醒："巧言乱德，小不忍则乱大谋。"意思是，花言巧语会败坏自己的德行修养，小事不知忍耐则会坏了大事。

将"乱"用作副词，就表示随意地、无序地、不考究地，这就有了人们常说的"天花乱坠""群魔乱舞""乱点鸳鸯谱"。白居易写出了一只无形的早春妙手，它"乱点碎红山杏发，平铺新绿水蘋生"[1]；李贺也以名句记述了一场令人艳羡的筵席："况是青春日将暮，桃花乱落如红雨。"[2]

值得一提的是，古人在渡河时，认为自己行动的方向与水的流向之间，呈一横一纵交错之势，这也是一种抽象的"乱"，因此古人还用这个字特指横渡。《诗经·大雅·公刘》中的"涉渭为乱"，就是

---

[1] 出自白居易的《南湖早春》。
[2] 出自李贺的《将进酒·琉璃钟》。

指横渡渭水。《尚书·禹贡》中有:"浮于潜,逾于沔,入于渭,乱于河。"这是说,船行于潜水,然后离船上岸陆行,进入沔水、渭水,再横渡渭水到黄河。陆游有诗云:"山横水掩路欲断,崔嵬可陟流可乱。"[1] 这两句气势恢宏,行者但行前路,并不将山水阻碍放在心上。这仿佛与他的另一名句相呼应:"山重水复疑无路,柳暗花明又一村。"

"乱"仿佛是一次高级阶段的"缫丝",它提供了一种颇为必要的警觉:秩序的彰明和建立,并非是一蹴而就和一劳永逸的,它需要人们不断用心加以审查和作为,乱而又乱,治而又治,治乱同根,乱治相续,遵循法序之准则,抱持通达之志向——丝事如此,万事亦如此。

◎楷书

乱

---

[1] 出自陆游的《饭三折铺铺在乱山中》。

绝继

在『乱』字理丝之时,与此前缫丝的诸多操作之中,以及此后纺织制衣的过程中,有时需要进行把丝割断的操作,这就是『绝』;有时也需要把不应断的地方,重新接续起来,这就是『继』。

◎甲骨文

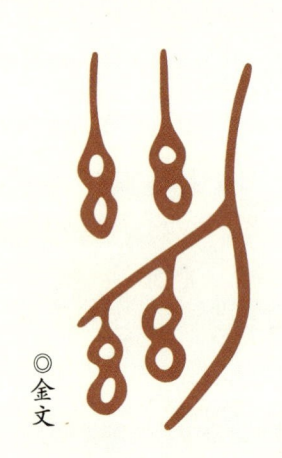

"绝"的本义

"绝"字的甲骨文，像两束悬丝被一横或多道横画所割断，本义即断丝。到了金文，几道横画被一把"刀"所代替，而两束悬丝的形象被加以繁化，且很显然，它们已经被割断为两段。篆

◎金文

◎楷书

◎小篆

文中，表示丝的部分又被"糸"字所代替，"刀"被保留，且在其下增添了一个"卩"。后来，"刀"与"卩"两部分逐渐合体讹变为一个"色"，字形就随之定形为"绝"。

"绝"的引申义

由割丝、断丝的本义引申开来,"绝"字就表示广泛事物的截断、断开。"破琴绝弦",是伤心于知音的离去而弄断琴弦;"冠缨索绝",是因仰天大笑而扯断了系帽的带子。

司马迁曾以"韦编三绝"四字来形容孔子勤读《周易》。春秋时期,纸张还没有出现,人们主要在竹简上写字,一部书要用许多竹简编连在一起。通常,竹简以丝线编连的叫"丝编",以麻绳编连的叫"绳编",最为结实的,是用皮绳条编连的,叫"韦编"。孔子晚年精研《周易》用功到了什么程度呢,他将编连《周易》书简用的皮绳都翻断了好几次。后来,人们就用"韦编三绝"来形容人勤奋读书、刻苦治学。

◎隶书

◎楷书

从具体事物物理上的截断、断开,"绝"字还引申出竭尽、停止、消灭等含义。

"千山鸟飞绝"中的"绝"是消失,"夜久语声绝"中的"绝"是停止。

丝被斩断,断处就会成为新的端点、尽头,因此古人用"绝"来表达最、极等含义,这就有了"绝顶""绝技""精妙绝伦"。甚至当"绝"字作为副词用于否定句中时,它所表达的也是一种极致的判断或者表态,如"绝无仅有""绝非偶然"。

当人要横渡一条河流,这情景也仿佛是一次断丝:面前的河流就好比丝束,而渡水的人就好比横行断丝的刀。因此,古人就用"绝"来表示横渡、横越。《荀子·劝学》中有名句:"假舟楫者,非能水也,而绝江河。"意即懂得借助舟船的人,并不擅长游泳,却可以横渡长江、黄河,这是荀子在强调学习中要善于借助外物之便利灵活求进。

"继"的本义

"继"字旧时写作"繼",右边这个"䋖",正是"绝"的本字,是自其金文字形承袭而来,以刀割丝的形象依旧清晰可见。给"䋖"增添一个"糸",意即"以丝补绝",就是在丝的断绝处,再重新用丝编连起来。

◎ 金文

◎ 小篆

◎ 隶书

◎ 楷书

"繼"这个左右结构的字形,确定于篆文,而在此之前,它还有一个较为特殊的金文字形。它是几束不相连接的断丝与三道横画,字的书写顺序大概是,先画出两束断丝,然后在其下方画一长横,表示要将两束断丝接续起来;接着再画一束断丝和两道短横,有点儿类似表省略

的符号，近似于在示意：将其他的断丝也依照这种方法接起来。至今人们还在争论右下角的横画指代什么，有没有可能就是数字"二"？如果那道长横是"一"，那么两道短横就是"二"，这可能就带有"合二为一"的含义——"绝"就是一为二，"继"就是二为一。但这个字形没有延续下来，它的表意没有"繼"这样直观。后来，"繼"最终简化为"继"。

"继"的引申义

◎隶书

由接续断丝的动作，"继"就引申为广泛的接续、延续，使中断的变为连续的。《论语·尧曰》中有："兴灭国，继绝世，举逸民，天下之民归心焉。"这是说，复兴灭亡的国家，接续断绝的家族，提拔遗漏的人才，这样方能使天下百姓真心

◎隶书

◎楷书

归服。"继绝世",就是使中断的宗祀、族系恢复为接连的状态。此后,这段话发展出成语"兴灭继绝"与"存亡继绝"。"继""绝"连用,体现出两者含义的相反相对。

承接前人的志向、事业,使传统得以似丝般连续不绝,这就是"继承"。《礼记·中庸》中引述了孔子的一番话:"夫孝者,善继人之志,善述人之事者也。"这是说,什么才叫作"孝"呢?孝就是要善于继承前人的遗志,能秉志完成前人未竟的事业。

描述两件事物彼此接连、紧挨一处的状态,也能用"继"。《孟子》中,讲述周公勤于辅政,遇事总是"仰而思之,夜以继日",这是昼与夜接连在一起;《韩非子》中,那个为荐美玉痛失双足的卞和,抱璞哭于楚山之下,"三日三夜,泪尽而继之以血",这是

血与泪相连在一起；韩偓《开河记》中，将大梁至淮江间舟船连绵之景象，描写为"时舳舻相继，连接千里"，这是船头船尾紧挨在一起。

"继"与"续"之辨

"继"常常与"续"连用为"继续"。两字虽然含义相近，但它们之间仍旧存在某些区别，并不能随意混用。这当然与两者造字本义上的差别有关。

由于"继"是将断丝相接，"继"之前后，丝的本质没有发生改变，因此这个字偏重强调"同类连接"；而"续"字本义为"连接"，并不强调前后相连之物的同类性。比如"狗尾续貂"，说的是古代近侍官员以貂尾为冠饰，任官滥，貂尾不足，以狗尾代之。"断鹤续凫"，意即不顾事物本身规律，截断鹤的长腿去接野鸭的短腿；"断手续玉"，意即看不清事物的轻重利弊，就好像砍下手来再接上一块玉，得不偿失。在这几个成语中，相互接连的是属性不同、互不相谐的两件物品：貂尾与狗尾、鹤腿与鸭腿、肉与玉，因此用"续"不用"继"。

至于"覆车继轨",说的是前车翻倒了,后车依然在原来的车辙上行进,意思与"重蹈覆辙"相近,这里就须用"继"而非"续",因为车辙轨道相同而未改变;"比肩继踵",是说人多到肩挨着肩、脚跟着脚,这里用"继"不用"续",因为人脚在此处属于同类泛指;"张本继末",就是把事情

的本末原委都说明白,"本"是树根,"末"是树梢,本末都在同一棵树上,被同一树干接连,因此用"继"不用"续"。古时新皇帝承接父兄的帝位,称"继位"不称"续位",这是强调帝位皇权仍只在此皇族一姓中有序传递,没有易改。

不过,在有些词汇中,"继""续"二字确实可以通用,比如"夜以继日"也可以说"夜以续日","子孙相续"也可以说"子孙相继"。这是因昼夜一明一暗区别明显,但同处在时间流逝的这条线索之上;子孙代代班辈有别,但同是一根血脉之上——站在不同角度,对前后两者是否为"同类"的理解可能产生不同,因此用"继"用"续"皆可。

"绝"与"继",贯穿治丝之事的始终。继绝互现,对立依存,分割或连缀了不同的丝与织物,开启或造就了不同的系统与格局。绝继之事反复上演,仿佛也象喻着一种因果、生灭的法则:万物的关联、万事的因缘,也如这般乍断还连、终而又始,在一断一续之间,在亦色亦空之间。

专

在理丝与必要的绝、继操作之后，人们即将对丝进行一项看似简单却极其伟大的程序：纺纱线。早在远古时期，纱线就已经有了很多用途，除了用于织布缝衣之外，还用于钓鱼、套鸟、织网、捆扎箭头、缝缀皮衣等。那么纱线要如何制作呢？答案便是一个『专』字。

◎ 叀 甲骨文

◎ 叀 金文

◎ 叀 小篆

◎ 专 甲骨文

◎ 专 金文

　　传统的手工方法，是取数根纤维丝絮在手掌间，使其反复旋转、绞合而成纱线。但这样效率不高，因为人手每搓一下，纤维丝絮只能旋转数周。但如果在纤维丝束的端头，系上一个适当的重物，使其悬垂着带动纤维丝束转动，那么旋转绞合的效率就高多了。

　　这个关键的重物就是"纺锤"。至少在七千年前，华夏先民就已经发明了纺锤，而至少在五千年前，就将其普及为主要的纺纱、纺线工具了。有一个古老的字就表示纺锤——"叀"。

"专"的本义

　　"专"的甲骨文字形由两部分组成，一个是表示纺锤的"叀"，一个是表示右手的"又"。

"叀"画的就是纺锤的形象。这纺锤上部是待纺的纤维丝絮，中部是绕满了已纺好丝线的锤杆，底部的圆圈则表示纺轮。这个环形的纺轮是纺锤的关键构件，往往由石头或陶土制成，具有较大的重量，它的旋转能够扯动上方待纺的纤维丝絮，使其牵伸拉细而成线。

◎专 小篆

◎专 隶书

◎专 楷书

◎专 草书

在"叀"旁边，加上一个表示右手的"又"，示意的显然是有人正用手转动纺锤。西周时期将"又"从一侧移至"叀"的下方；到了战国时期，字形中的"又"字被"寸"字所取代。"寸"作为部件时，既包含"手"的本义，还带有尺度的意味。最终，字形在楷书阶段定形为"專"，其后简化为"专"。这一简化字形来源于汉晋时期"專"的草书写法，约于清初被确立，体现了汉字书法对字形演变的常见影响。

"专"的引申义

纺锤转动，总是围绕唯一固定的中轴旋转的，所纺纱线也总是绕着这一中轴，不生杂乱。因此"专"引申出集中、凝聚在一件事上的意思，也就是"专一"。《周易》中有："夫乾，其静也专，其动也直，是以大生焉。"这句话的字面意思是，"乾"，静态时是专一的，动态时是刚直的，所以能使万物发展壮大。"乾"是《周易》哲学中的深奥概念，指纯阳之性。

◎隶书

◎草书

◎楷书

"乾"是什么样的呢？圣人引导我们试着借纺锤的形象来理解：如果它的阳气不发动，那就好像未动的纺锤一般，专一，有中正之轴，不会偏向任何一侧，也不会有任何失衡，不会扰动任何一缕丝絮；而如果它的精气运转，那就好比纺锤动了起来，像它一圈圈地将丝絮牵绕成纱线那样，牵动四季的运转、星辰的周行，且秩序井然，不会出现任何差错。静则全无偏私，精纯凝一；动则循序而行，刚正不乱。正因"乾"如此，天，才得以正大无边，为万物之始。

学问上要专一、专心。出自《孟子》的成语"专心致志"，意思是集中心志、一意为学，如纺锤纺线，因专注而逐渐有所收获。专一有利于掌握某种领域的学术、技能，这便有了"专长""专精"。韩愈《师说》中有名言："闻道有先后，术业有专攻。"听闻、懂得道理有早有晚，学问技艺各有专长，意思是无论长幼，都应该谦虚向学。

做事的行为、思路上不接受他者的干扰和影响，任意独行、强势独断，也称为"专"，构词如"专擅""专权""专横""专行"。《左传·桓公十五年》中有："祭仲专，郑伯患之。"这是说，春秋时期的祭仲先后辅佐了五位郑国的君主，在郑庄公死后，成了可以废立国君、专擅朝权的人物。郑厉公为祭仲之"专"而担忧不已，就对他起了杀心，但终未如愿。

直到今天，一系列现代词汇，如"专车""专题""专职""专程""专门"等，其中的"专"字都未离开"专一"这条古老的意义线索。这就是那根纺锤之轴的力量，后世词汇如丝如絮再怎么卷绕其上，其中心并未改变。

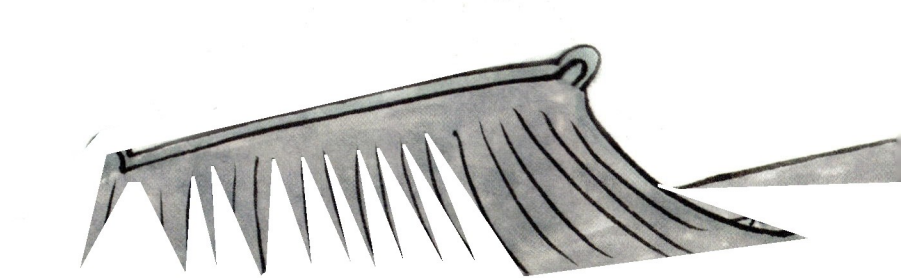

带"专"的字

"专"也作为一个常用部件出现于合体字中,而"手转纺锤"的造字本义也仍旧在暗处保留。若给"专"加上一只"手",就成了"抟",就是如纺锤、纺纱一般,用手将事物旋揉成团,进而引申为盘旋,就有了庄子写鹏鸟的"抟扶摇而上者九万里";若加一个"车",就成了"转",车轮、纺锤都是绕轴而动,两者组合一处,会意回环、旋绕,如白居易的"转轴拨弦三两声,未成曲调先有情";若加一个"人",就成了"传",表示递信人如纺锤运转般乘驿车周行,如李商隐的"徒令上将挥神笔,终见降王走传车",此时,"传"念作"zhuàn",当它进一步引申为普遍的传送、传递时,念作"chuán"。

"专"是"统"之后出现的又一次对丝的整合性工作,重要程度更是有过之而无不及。纺锤的发明运用,使丝絮合众为一,获得更坚韧、稳固的性质与更成形、普适的功用。人们借由"专"之物象,获得了动静合一、平衡守一的法序认知,形成一种空前深刻的世界观。

经纬

经『专』纺丝成线以后,就可以作为织布的原材料了。织布之事,若要论及流程、技巧与要点,那么其中的学问是各式各样且难以言尽的;但要披沙拣金抓其根本原理的话,要义全在于『经』『纬』二字,而要知经、纬所说何意,得先看一台古老的织布机。

"经"的本义

金文中有一个"巠"字,它是一台"织布机"的象形白描,人们最早就是用它来织布的。这台织布机上绷起了多条纵线,以便横线穿织——这是古代织布机的基本形式,直到近代,织布机仍旧是这样的结构原理。

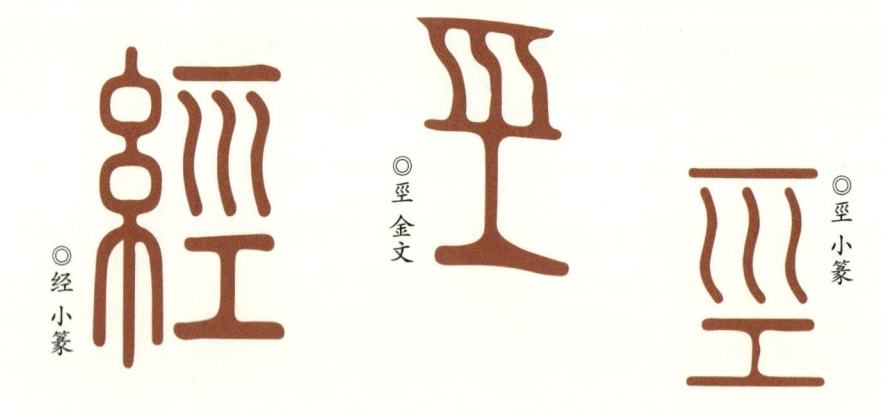

◎经 金文

◎经 小篆

◎巠 金文

◎巠 小篆

后来,又在"巠"的左侧加上了"糸",清晰地交代了这上面织的是丝。最终,字形经过简化,定形为"经",它的本义就是织布机上的纵线。

《论衡·量知》中有:"恒女之手,纺绩织经;如或奇能,织锦刺绣。"意思是,普通妇女的手,能纺丝缉麻、组织纵线;才能殊异的,能织就锦缎、挑针刺绣。中医将人体运行气血的通道称为"经络",而其中纵行的干线,则称为"经脉",这正是取"经"为纵线的本义。

"纬"的本义

与"经"紧密关联的另一个字,是"纬",它表示织布机上的横线。"纬"字始见于战国文字,是左边一个"糸",右边一个"韦"。金文中的"韦",是外围的两只、三只或者四只脚,正在绕行居中的一座城池,其本义就是围绕。"糸""韦"组合成字,就表示织布机上,反复绕纵线穿插而过的横线。

《左传·昭公二十四年》中有:"嫠不恤其纬,而忧宗周之陨。"意思是,寡妇不操心纺织,而忧虑周王朝的没落。这就是成语"嫠不恤纬"的来源,用来

◎纬 战国文字

◎韦 甲骨文

◎韦 金文

比喻忧国而忘家。纺织业中有"纬编"[1]的织法,它之所以称"纬",正是因其织成线圈的方向是横向的。

---

[1] 相较于"经编"织物,"纬编"织物具有拉伸性、卷边性、脱散性等特性。

經 ◎经隶书

緈 ◎纬小篆

经定纬动，经先纬后

经线是先固定的，而纬线则是基于经线动态穿织的，这也符合"巠"的静立状态和"韦"的绕行特征。相对而言，"经""纬"之间的关系是：经立定而纬绕动。比如在中国古代天文学中，"经""纬"就分别可用于称呼星辰，"经星"用来指称恒星，"纬星"则用来指称行星。什么原因呢？正是取象于恒星相对位置不变（在短时内肉眼所见的尺度上），而行星围绕恒星运动。

经线纵列密排，纬线来回横穿，经纬相交，就叫作"织"。最早的织布方式，是织工手持纬线，在已布好的相邻经线间反复穿绕而织。

在织布的过程中，"经""纬"总是相依、相交而存，并且总是经在前、纬随后。因此刘勰在《文心雕龙·情采》中这样写道："故情者文之经，辞者理之纬；经正而后纬成，理定而后辞畅。"这是说，写文章就好比织布，文章的内涵、情理，犹如织布机上纵列的经线；而文章的叙述、辞藻，则犹如织布机上横排的纬线——经线正了以后，纬线才能依其而织，正如只有义理情思确定了，文辞字句才会畅达无碍。

后来，古人将天下与一架织布机相类比，便把南北向的道路定为"经"，把东西向的道路定为"纬"。《周礼·考工记》中有："国中九经九纬，经涂九轨。"意思是，都城中有南北大道、东西大道各九条，每条大道又可容九辆车并行。曹操《度关山》中有："车辙马迹，经纬四极。"这是说，勤政君王所留下的车马行迹，纵横遍布各地。

地理学中所假定的"经线""纬线"的命名，也是由此而来：在地球表面连接南北极并垂直于赤道的线，叫作"经线"，指示南北方向；沿地球表面与赤道平行的横线，称为"纬线"，指示东西方向。无数经线、纬线垂直交织的点，就是地球上无数个地方的坐标。因此，虽然织布机离寻常生活已经很远，但"经纬"却永远穿戴在每个人的身上，也时刻暗中标记着人与万物的方位。

"经""纬"的引申义

◎纬 隶书

◎纬 隶书

由于织布时要先搭经线而后才是纬线，因此"经"相对于"纬"具有决定性作用，换句话说，"经"是"纬"的准则。"经"字因此引申为准则、常道、规范等含义。成语"天经地义"，就是天之经、地之义，天地间历久不变的常道和义理。《史记·太史公自序》中有："夫春生夏长，秋收冬藏，此天道之大经也。"意即禾谷草木于春天萌生、夏天滋长，秋天收获、冬天储藏，这是天道自然的总体准则。

《尚书·大禹谟》中有："罪疑惟轻，功疑惟重。与其杀不辜，宁失不经。"意思是，罪行轻重有可疑时，宁可从轻处置；功劳大小有可疑处，宁可从重奖赏。与其错杀无辜的人，宁可犯下不依法则的过失。句中的"不经"就是指不按法则、成规行事。这段话讲述了古时"罪疑从轻"的法律思想，对后世产生了深远的影响，也成为现代刑法"疑罪从无"原则的先声。

至于书以"经"为称，也是取其"可为准则"之义，尤其是那些可被世代奉为圭臬的经久不衰之作，如《易经》《道德经》《金刚经》《黄帝内经》《十三经》。古人将古籍分为经、史、子、集四大部类，"经"即指经书，自然是列于首位。所谓"经典"，既特指古代儒家的经籍，也泛称可以流传后世的典范之作。

◎纬 楷书

◎经 隶书

◎经 楷书

准则、规范是恒常的，不会变动不居，因此"经"又引申为恒常、正常。如今我们常用的"经常"一词，想要追究它的来源，就应拆开来看"经""常"二字，两字的意义其实是相互解释的。在"不经之谈""闳大不经""荒诞不经"等成语中，"经"则指言谈合乎常理，与人们恒常的观念和经验相符。

虽然纬并不具备上述种种与"准则"相关联的含义，但因纬线的排列也如经线一般秩序井然，因此"经""纬"皆有"治理"的含义。例如在"经天纬地""经邦纬国"等成语中，"经""纬"两字并没有意义上的差别。不过就其

◎经草书

◎经楷书

◎经楷书

◎纬楷书

延伸、流传的广度而言,"经"字还是更胜一筹——它内含的"治理"的这层含义,早已被"经济""经营""经纪""经理"等众多现代常用词所悄然承续,而"纬"字则被今人冷落了。

"经""纬"交织,小至布帛绸缎,大至天覆地载,无不是依此理而成。当丝事至于经纬具备之时,天下已事事处处秩序分明、法理若揭,万物都明了方、定了位,一切的动静得失,都有了衡量依据。天地有经纬,是以星辰布列、山川咸仗;邦国有经纬,是以君臣有序、行止有纲。

约

借由『专』而纺得的丝线,又通过『经』『纬』织好布帛绸带。在这些丝线布带的各种功用中,极为重要的一项就是用来缠束各种东西。表达这种含义的字,是『约』。

"约"的本义

"约"字始见于战国文字,是"糸"加一个"勺"。这里的"勺"字在通常的解读中,只表示读音。但细细推究起来,可发现它在其中,实则具有隐秘而关键的表意作用。

"勺"字至少自金文起,刻画的就是一个勺子的形象,它的勺头和勺柄,与今日人们常用的勺子相差无几。在勺头的中间,还有一个作为指事符号的点画,表示的是可用此勺来舀取浆液。

◎ 约 战国文字

◎ 勺 小篆

◎ 勺 金文

"以勺舀浆"这个动作的实质,是舀取一部分浆液,并将其限定在勺舌的空间中。进一步理解这个动作,可提炼出两个层面的意义来,一层是选定对象,一层是限定自由。因此,"勺"字本身就带有"拘取"的意味(拘是限定自由,取是选定对象)。这从一系列包含"勺"的合体字的含义中就可见一斑。比如"钓",即以金钩"拘取"某条游鱼而捕之;"酌",即以杯盏"拘取"定量的酒水而饮之;"灼",即"拘取"某物放置于火上而炙烤之;"妁",就是代男方向特定女子提亲、促成婚姻关系的媒人。那么依理而推,将"勺"与"糹"相结合,显然就是"以丝拘取某物",也就是用丝线绳带一类的东西对选定的某物进行限制,换言之,就是缠捆、束缚。

◎ 勺 楷书

◎ 约 楷书

◎ 约 楷书

《诗经·小雅·斯干》中有描写建筑宫室时火热场面的诗句:"约之阁阁,椓之橐橐。"意思是,绳索把筑版勒得咯咯叫,石杵把围墙夯得响咚咚,这里的"约"是用绳捆。李商隐《又效江南曲》中有:"扫黛开宫额,裁裙约楚腰。"这是说,女子见心上人之前,对自己进行一系列精心打扮:描画眉毛,点染额黄,剪裁罗裙,缠束细腰。这里的"约",是用布缠。

战国末期的齐国，有位被誉为"国士无双"的鲁仲连，他曾在破燕复齐的进程中屡立奇功。齐将田单率军围攻聊城，遭到燕国将领乐英的殊死抵抗，城池久攻不下。一筹莫展之际，鲁仲连来了，他仅仅做了一件事："乃为书，约之矢以射城中，遗燕将。"[1] 他提笔给燕将乐英写了一封信，用箭射到城里，施以攻心之计。这里的"约之矢"，就是把信缠束在箭杆上。鲁仲连信中所言，句句戳入敌将心坎，硬生生令其绝望得自裁而死。就这样，鲁仲连只凭一封箭书便使强敌不战而败，创造了中国军事史和论辩史上的奇迹。

---

[1] 出自《史记·鲁仲连邹阳列传》。

"约"的引申义

从以丝绳缎带缠束事物，"约"就泛指抽象意义上的束缚、限制和管束，这就是"约束""制约"。《论语·子罕》中，颜渊曾说孔子对他的教导，是"博我以文，约我以礼"，就是用各种典籍来丰富其学识，又以适宜的礼节来约束其言行。再如，诸葛亮于病危之际劝诫刘禅要"清心寡欲，约己爱民"，也就是说他希望刘禅能清净心思，克制享乐，约束自己，关爱百姓。

---

1 出自《谒金门·风乍起》。

◎楷书

诗人们则将此义运用得更富想象力。比如李冠《蝶恋花·春暮》中的"数点雨声风约住",说的是雨就像是被风管束住了似的,刚开始下,又忽然停了;再如贺铸《惜余春·急雨收春》中的"急雨收春,斜风约水",意即一

◎小篆

◎隶书

场急雨打落残红,好像是要将春色收回,阵阵斜风拂掠池面,仿佛是在约束平展的春水。这里的"约水"直让人想起冯延巳的名句:"风乍起,吹皱一池春水。"[1]

至于国与国之间、人与人之间订立的盟约、契约、条约、公约等,也都是为行"约束"这一功用。彼此达成共识,不逾越某些边界,不违反某些原则,大大小小的"约定"本质都并无二致。刘邦占领秦都城咸阳后,

---

[1] 出自《史记·高祖本纪》。

为了收揽人心，召集关中各县的父老、豪杰，郑重地宣布："与父老约，法三章耳：杀人者死，伤人及盗抵罪。余悉除去秦法。"[1] 意思是，与关中父老们只约定三条法律：杀人者处死刑，伤人者和抢劫者各依法治罪，其余凡是秦朝的法律悉数废除。这件事史称"约法三章"，它后来泛指订立简要的条款互相约束、共同遵守。

"约会"一词，顾名思义即人与人约定相会，自然是需将时间、地点加以限制。但人们往往抱持情感维度的主动，彼此情愿地投入到这种限制中去，将相会变为一种诗性的约束。

欧阳修《生查子·元夕》中写情人约会："去年元夜时，花市灯如昼。月上柳梢头，人约黄昏后。"时间、地点限定在去年元宵节黄昏时的花市，长街花灯明亮，夜色也被推迟和消解。月亮爬上树梢，窥见有情人的相会。赵师秀的《约客》中写友人约会："黄梅时节家家雨，青草池塘处处蛙。有约不来过夜半，闲敲棋子落灯花。"雨声蛙声点映了整晚独守的空静，相约的客人久等不来，下意识敲两下棋子，无意间抖落了灯花。着急吗？急中又带着"闲"；不着急吗？那又何必苦等夜阑。最终客人是否赴约不得而知，但"等"已成为这场"约"的妙意所在。

对事物进行约束、限制，总使其所占空间范围减少，或者使某种选择的余地减少，因此"约"还引申出以"少"为核心的含义。比如"节约""俭约"，"约"是吃穿用度上的少；"言约旨远"，意即言辞简练而含义深远，这里的"约"指言语上的少。孔子说："不仁者，不可以久处约，不可以长处乐。"意思是，没有仁德的人不能够长久地安于穷困，也不能长久地处于安乐。因为未达"仁"的境界，就会随着身外之境而改变心思志向，穷困久了会颓丧，安乐久了会骄奢忘形。这里的"约"，是指穷困，即物质享受上的少。

此外，数学中的名词"约分"，就是简化分数形式，使其分子、分母都尽可能变小；而"大约""约莫"，就是减少程序、降低精度地估算，为求某个大概的数学量。至于"依约""隐约"等词，"约"字在其中也都有显露、表达得少的含义。

天上的勺子：万物之约

若在凝视"约"时，思绪再进一层，或许能有更惊奇的发现：它似乎直接关系到了天上的勺子——北斗

星。"北斗",即北天之勺[1],它在万古星夜中运转不息,是华夏文明史册上最不可磨灭的图象。

这七颗排列成勺子形状的亮星,分别名为天枢、天璇、天玑、天权、玉衡、开阳和摇光。前四颗星组成勺头部分,古称"斗魁",后三颗星组成勺柄部分,古称"杓"。

◎草书

◎隶书

◎楷书

仰望这个天勺,人们可以获得许多重要的启示。比如取法于它,华夏先民于数千年前便创造了以磁勺来指示方向的"司南",也即最早的"指南针"。再如《鹖冠子·环流》中有:"斗柄指东,天下皆春;斗柄指南,天下皆夏;斗柄指西,天下皆秋;斗柄指北,天下皆冬。"

---

[1] "勺"和"斗",古时分别写为"枓"和"枓",两者形制用途相仿,都是有头、有柄用来挹取酒浆的器具。

这是依据一岁当中斗柄转动所指之辰（即斗建），来确定四时月令，人们耕作，皆依于此。

古人从中领会的还远不止这些。他们将北天的北斗星与相对来说"永恒静止"的北极星[1]合称为"斗极"，并认其为天地秩序的主宰和根源。《史记·天官书》中有："斗为帝车，运于中央，临制四乡。分阴阳，建四时，均五行，移节度，定诸纪，皆系于斗。"这是说，包括阴阳、五行等在内的天地之间的规律和现象，都是北斗运转的结果。换言之，这个天勺有统纪群星、规范万物之功，仿佛以无形的丝线令万物"皆系于斗"，是谓之"约"。

此"约"如规，画天之圆。是限制，又是运转；是使其束缚，也是保其自由。如果没有这种约束与法度的存在，万物都无法次第发生，无法循序而行，天地将如一盘散沙，无从生起大千世界无尽的奥秘与奇观。古人云："不以规矩，不能成方圆。"

---

[1] 在"天璇"与"天枢"连线的五倍延长线上，又可见到一颗极重要的星——北极星。中国古代发展了以赤道坐标为中心的天文体系，北极星位于此体系中天球的正北，北极星看起来几乎静止不动，俨然星天之主宰，众星都环绕其运转不息。古人将北极星视为天帝，又把临近的北斗星视为"帝车"——仿佛天帝坐着北斗之车周行于寰宇，视察天下，治理八方，明定四时，厘分寒暑。